民衆宗教を探る

豊島 修 著

熊野信仰の世界

その歴史と文化――

慶友社

熊野本宮神社において、山伏姿の熊野権現から託宣をうける一遍の「熊野成道」（清浄光寺〈遊行寺〉蔵）

熊野信仰の世界——その歴史と文化——／目　次

はじめに——熊野三山信仰への招待

近年は、「文化と自然」に関する情報が日本のみならず、世界的な関心としてマスメディアに載せられない日はないほどである。それは自然や文化にたいする人びとの関心度が、地球の温暖化による環境問題とからめて地球規模の課題になっているからであろう。

このような現状にあって、日本の自然と文化を世界に発信するうえで、本州の最南端に位置し、「紀伊山地」の総称で知られる和歌山、奈良、三重の三県にまたがる霊場寺院・神社が、二〇〇四年七月に「紀伊山地の霊場と参詣道」という名目でユネスコ（国連教育科学文化機関）の世界遺産に登録されてから、すでに九年目を迎えようとしている。日本独自の宗教である修験道の本山とされる聖地「吉野・大峰」（奈良県）と、歴史的には天皇や貴族から武士、民衆まで信仰をあつめた神仏習合（仏教と神観念との重層的、複合的状態の意）の聖地「熊野三山」（和歌山県）、そして真言密教の道場である「高野山」（和歌山県）の三霊場と、これらの霊地をむすぶ「大峰奥駆道」、「熊野参詣道」、「高野山町石道」の参詣道である。いずれも一〇〇〇年以上の歴史と信仰を有する山々と、そこに到る参詣道であり、これらを包みこむ「自然」と「文化的景観」が新たな価値を持つものと高く評価され認知された。そのため三霊場への「参詣の道」の登録は、これもまたスペインの巡礼道につづく二例目として、たいへん貴重な世界遺産となったのである。

その間、日本全国から世界遺産や日本の文化財に関心のある人びとが、紀伊山地の霊場と参詣道を旅している。そこには多くの日本人のみならず、外国の研究者や旅行者がこの世界遺産をもとめて、「古道」とその奥に鎮座している大霊場（寺社）をめざして歩き、その歴史と文化、およびその周囲にたたずむ自然の森や樹木、河川を求めて、歩んだ先人の苦難と信仰の道がつづいている。

熊野信仰とは

本書でとりあげる「熊野信仰」とは、右に述べた神仏習合の聖地、現熊野本宮大社、新宮速玉大社、那智大社（熊野三所）にたいする信仰の総称である。熊野三山信仰、三熊野信仰、あるいは熊野三所権現信仰などとも称される御祭神とその本地仏（神に定められた仏・菩薩の意）

表1　熊野本宮大社の十二所本殿（『紀伊風土記』より）

区分	社殿	祭神	本地仏
三所権現	第一殿　証誠殿	家津御子大神（本宮） 伊弉諾尊 伊弉冉尊	阿弥陀如来
三所権現	第二殿　西御前（両所合殿）	熊野夫須美大神（那智）	千手観音
三所権現	第二殿　西御前（両所合殿）	御速玉大神（新宮）	薬師如来
五所王子	第三殿　若宮	天照大神（若一王子） 国常立尊	十一面観音
五所王子	第四殿　中四社（四社合殿）	忍穂耳尊（禅師宮）	地蔵菩薩
五所王子	第四殿　中四社（四社合殿）	瓊々杵尊（聖宮）	竜樹菩薩
五所王子	第四殿　中四社（四社合殿）	彦火々山見尊（児宮）	如意輪観音
五所王子	第四殿　中四社（四社合殿）	葺不合尊（子守宮）	聖観音
四所宮	第五殿　下四社（四社合殿）	軻遇突智尊 埴山姫尊 罔象女命 稚彦霊神	

熊野本宮大社
「三所権現」は第一殿から本宮の「主斎神」と第二殿「両所権現」の祭神・「本地」の仏菩薩、第三殿・第四殿に「五所王子」の祭神・本地仏、第五殿には「四所宮」の祭神をそれぞれ祀る。（『紀伊続風土記』「熊野本宮神社」の項より）

に対する信仰をいうのである（「表1」参照）。和歌山県南東部の熊野地域に鎮座し、今なお自然豊かな地域に鎮座している。全国に鎮座する熊野神社の総鎮守社でもある。

すでに十二世紀後期に、熊野三山を参詣する旅にでた当時の上皇・女院の熊野御幸のありさまは、『玉葉』という日記（九条兼実著）に「人まねのくまのもうて（熊野詣）」と記されていた。当時、身分を越えた人びとが熊野詣のまねをする様子、さらに後世「蟻の熊野詣」（『日葡辞書』）という言葉があり、あたかも民衆が蟻の行列のように熊野詣をおこなっていたことが、簡潔に表現されている。いずれも平安時代中期から戦国期にかけてのことである。それは民衆の霊山・霊場への参詣が展開する近世にも、身分・階層をこえた多くの熊野道者（信者）が三山に参詣したのである。

このように熊野信仰が諸国に展開された理由と内容、およびその背景には多くの歴史的要因があり、すでに旧著『死の国・熊野——日本人の聖地信仰』（講談社現代新書一一〇三）でも触れたが、本書でもこの問題をわかりやすく述べてみたい。あわせて熊野信仰の中世的展開のなかで、生みだされた熊野三山と熊野信仰に関わる宗教文化にも注意したい。すなわち熊野信仰の美術・芸能・文学・遺物・伝承などの問題である。これらの課題をトータルに論じた研究は、まだ少ないのが現状であり、とくに後者の熊野修験道史研究はこれからの課題である。

本書では、できるかぎり今日の新しい研究成果を吸収して、右の課題にせまることにしたい。日本人にとって「熊野詣」とは何であったのか、また「熊野信仰」とは何であったのか、を問い直し、「熊野信仰の世界」を理解する手立てになれば望外の幸せである。

第一章　熊野修験道史への展望

第一節　古代の「三熊野」と山の宗教・海の宗教

「三熊野」とは

わが国独特の宗教である「修験道」は、「古来の山岳信仰が外来の密教・道教・陰陽道などの影響のもとに、平安時代に至って一つの宗教体系をつくりあげた」（『修験道辞典』）というのが、これまでの一般的な理解である。しかしその後、修験道史研究が進むにつれて、これまで不明とされてきた課題がしだいに明らかにされつつある。その一例を、熊野三山の問題に限定して述べると、新宮・本宮・那智の熊野三山制度ができる平安中期から後期は、いずれも組織化された熊野修験集団が三山の祭神を相互に祀って、三山を構成した時代をさしている。これまでの熊野史研究や熊野信仰史研究を論じてきた人たちが、最初に問題としてきた課題である。

そうとすれば平安中期以前の熊野はどうであったのだろうか。その場合、古代熊野を描写しなければならないが、どのようなことに注目したらよいのだろうか。一つは、古代熊野の地域性の問題がある。同時に、古代熊野の山岳や海洋を信仰対象として、きびしい宗教的実践行をおこなった修行者＝宗教者が存在していたことである。それはのちにふれる修験道史の時代区分から、平安中期以降に組織化された熊野三山の修験道の時代、つまり「盛期修験道」に先行する「初期修験道」を構成した「山岳宗教者」（山の宗教者）と「海洋宗教者」（海の宗教者）が活動していた時代である。具体的には、「三所の熊野」を想定することによって、よりいっそう明確に把握される。

そこで「三所の熊野」とは何か、という問題から考えてみよう。この問いについては、以前『死の国・熊野――日本人の聖地信仰』で論じた。簡略に述べると、一つは「山の熊野」である。古代の熊野本宮神社（現熊野本宮大社）をさしているが、史料としては延長五年（九二七）に完成した『延喜式』（神名帳）に、「熊野坐神社名神大」とみえている。

二つめは「海の熊野」、すなわち現在の熊野那智大社と新宮速玉大社である。おなじ『延喜式』（神名帳）には、「熊野早玉神社大」とあり、同史料には「一社」と記されていた。そのた

写真１　熊野本宮大社（正面）（米田実氏撮影）

写真２　熊野速玉神社（米田実氏撮影）

写真３　那智大社（米田実氏撮影）

めこれまで研究者の史料解釈では、熊野新宮は速玉神社一社のみと理解されてきた。そうすると十世紀前期の熊野那智山には、いまだ那智神社が創建されていなかったことになる。はたしてそうであったのだろうか。

右の一般的な解釈にたいして、私は那智山と新宮には、のちの熊野修験に先行する古代の「海の宗教者」とよぶべき修行者が、早くから存在していたことを旧著や諸論文で指摘した。しかも『延喜式』（神名帳）に「一社の神」と記されているのは、「那智神社」の主神＝熊野夫須美神と、「早玉神」である熊野新宮神社の主神をおなじ「一殿」に祀り、「相殿」としていたという理解である。このような理解は平安中期ごろの仏教説話集『三宝絵詞』（永観二年〈九八七〉）や、平安後期に編纂された『長寛勘文』に載せる「熊野権現御垂迹縁起」という熊野三山の「物語的縁起」にも記されているのである。

仏教説話集や「物語的縁起」と海の宗教

まず『三宝絵詞』という仏教説話集に記された、「紀伊国牟婁郡ニ神イマス。熊野両所、証誠一所トナヅケタテマツレリ。両所ハ母ト娘ト也。結、早玉と申」（紀伊国牟婁郡に鎮座するご祭神は、熊野両所と証誠一所と申したてまつる。両所に祀られる神は母と娘なり。結、早玉の神と申しあげる）という熊野二神の信仰伝承である。これは十世紀後期から末期ごろに、熊野修験によって「熊野両所」、つまり那智の祭神である結神と、新宮の祭神である早玉神を一所に祀り、それを「熊野両所」として祭祀し、しかも、もう一つの山の宗教である熊野本宮の祭神＝家津御子大神は、「証誠殿《しょうじょうでん》の一所」に祀るという信仰伝承を継承していたことをものがたっている。また「熊野両所」の信仰伝承は、平安後期ごろの修験道縁起である先に記した「熊野権現御垂迹縁起」という物語的縁起にも、「始結早玉家津御子登申。二宇社也」（はじめに結・早玉・家津御子大神と申す。二宇社なり）とあり、のちの世まで結神と早玉神が相殿として祀られ、もう一社には熊野本宮の主神＝家津御子大神が祭祀されたという伝承が継承された。

こうした史料の解釈から、私は旧著などで熊野の海洋宗教の重要性を述べてきたが、熊野の古代宗教を論じるとき、三山の山岳宗教（山の信仰）に先行して、より古い海洋宗教（海の宗教）の視点が重要であることを論証しなければならない。それはわずかに残る文献史料や古典資料などから、古代熊野の山岳宗教とともに、海洋宗教を担った「海辺の道」を歩きながら苦行を実践し、海洋の彼方にいると信じられた信仰対象の「海神」を遥拝していた「辺路《へじ》修行者」の存在を見出したことに起因している。この辺路修行者は、より正確には「山岳海辺宗教者」と把握されるが、この「山岳海辺修行者とは何か」という問題については、第三章でくわしく述べたい。そこで次節では、まず「山岳海辺修行者とは何か」ということを、簡略に説明しておきたい。

第二節　山岳海辺宗教者とは

古代の山岳海辺宗教者とは

古代の「山岳海辺修行者」とはあまり聞きなれない言葉と思われるかもしれないが、諸国の半島や山岳、谷、湖から、さらに海岸沿いの古道にある磯や岬、あるいは小島などを修行の場として、きびしい「めぐり修行」をおこなう宗教者をさしている。彼らは半島や島などにある「辺路」、つまり海辺沿いの古道を遊行しながら、辺路とその周辺に祀られた「王子」や「王子社」を遥拝し、さらにその周辺の窟や岬、あるいは小島を「めぐ（巡）る」行道修行をおこなっていた。

この山岳海辺宗教者は紀伊半島の「海辺の辺路」、すなわち熊野灘沿いの「大辺路」にも存在した（第三章参照）。文献史料としては、平安後期の説話集『今昔物語集』に、四国の「海辺の路を歩く」辺路修行者がみえている。その背景には、少彦名尊が熊野の御碕から「常世郷」をめざして、海へのり出したという『日本書紀』の記載があるように、その信仰伝承から、つぎのような信仰が想定される。

古代の海洋宗教

すなわち、「死者の霊（＝祖霊＝海神＝王子）」の往く世界が海のかなたに想定され、それを遥拝する海洋信仰があったと思われる。その基底には、主として海岸で漁業生活をする人びとの葬送・葬墓習俗、すなわち風葬とともに、死体を海に流す水葬が考えられ、それをふまえた海洋他界観で説明される。これら古代における海岸沿いを生活空間とする人びとの葬墓習俗は、六世紀中ごろに伝来した仏教以前からおこなわれた日本人の葬墓習俗であったのだろう。この葬墓習俗が仏教や道教と習合すると、諸国の半島や海岸沿いの辺路＝古道を遊行する「海の宗教者」＝山岳海辺宗教者が出現し、他方では、死者の霊の往く山岳で修行する修験・山伏もでてくる。後者のばあい、山の中腹や山麓に死者を葬る葬送習俗・葬墓習俗から、子孫の供養をうけた死者の霊魂はだんだんと清められ、死者の霊魂は高いところに往くと信じられた。そして清められた霊魂はしだいに山にとどまり、山中他界観で説明される。

こうした古代日本人の葬墓習俗と、山中と海洋の他界観および古代信仰をふまえて、死者の霊魂や納骨を管理する山岳霊場が出現することになる。その一例は、平安後期の歌謡集『梁塵秘抄』（三一〇番歌）に、当時「四方の霊験所」として、つぎのような霊山・霊場が記されている。すなわち伊豆（現静岡県）の走湯山や信州（現長野県）の戸隠山、あるいは駿河（現静岡県）の富士山のほか、西国では伯耆（現鳥取県）の大山や丹後（現京都府）の成相寺、さらには土佐（現高知県）の室戸と讃岐（現香川県）の志度寺などである。

王子・王子社とは

さらには「王子とは何か」、「王子社とは何か」という問題が存在する。王子・王子社というのは、先にもふれたように、本来は、死者の霊を祭祀する古代海岸の民の聖地の一つであったといえよう。つまり海岸沿いの辺路にあった王子や王子社が仏教と習合すると、山岳海辺宗教者はこの王子・王子社などを遥拝しながら、その周囲を「めぐる行道」を実践行としておこない、聖地の一つとなったのである。その背景に、古代日本人の霊魂観や海洋他界観があったことを注意する必要がある。

そうすると、紀伊半島に存在した海辺の辺路、つまり熊野地域の東側に位置する「伊勢路」と、その伊勢路から西の熊野へ向かう古道がまじわる熊野灘の海辺の古道が「大辺路」であった。

古代の山岳海辺宗教者が辺路という海辺の古道＝大辺路を歩いて、「めぐり行道」をおこなったのは、一つには山岳宗教（山の信仰）の実践者としての顔と、他方、海洋宗教（海の信仰）の実践者としての顔をもっていたからであろう。近年、こうした海洋宗教の歴史的・宗教史的研究がさかんとなりつつある。四国の辺路研究がその代表例であるが、紀伊山地の大辺路を歩く山岳海辺修行者の実相をとおして、山岳宗教史研究に重点をおいたこれまでの修験道史研究に対して、海洋宗教史の研究もすこしずつ明らかになってきている。しかも古代辺路修行者の実践行が、平安中期から院政期に勃興してくる「熊野詣」の宗教的・信仰的な旅につながるのである。その意味で古代の山岳海辺修行者の実践行は、熊野詣の先行形態として充分注意しなければならない。

換言すれば、平安中期から後期ごろの上皇・女院や貴族の熊野参詣は、古代の辺路修行者のきびしい修行から、祈願者が直接熊野権現に病気平癒などを「立願」する目的で参詣をおこなうことに代わったのである。それは本来、古代の山岳海辺修行者や、熊野の山岳や海辺で修行した山伏、聖《ひじり》宗教者に代参してもらったが、平安中期以降は、熊野権現社に参詣する祈願者が熊野三山の旅にでたといえよう。

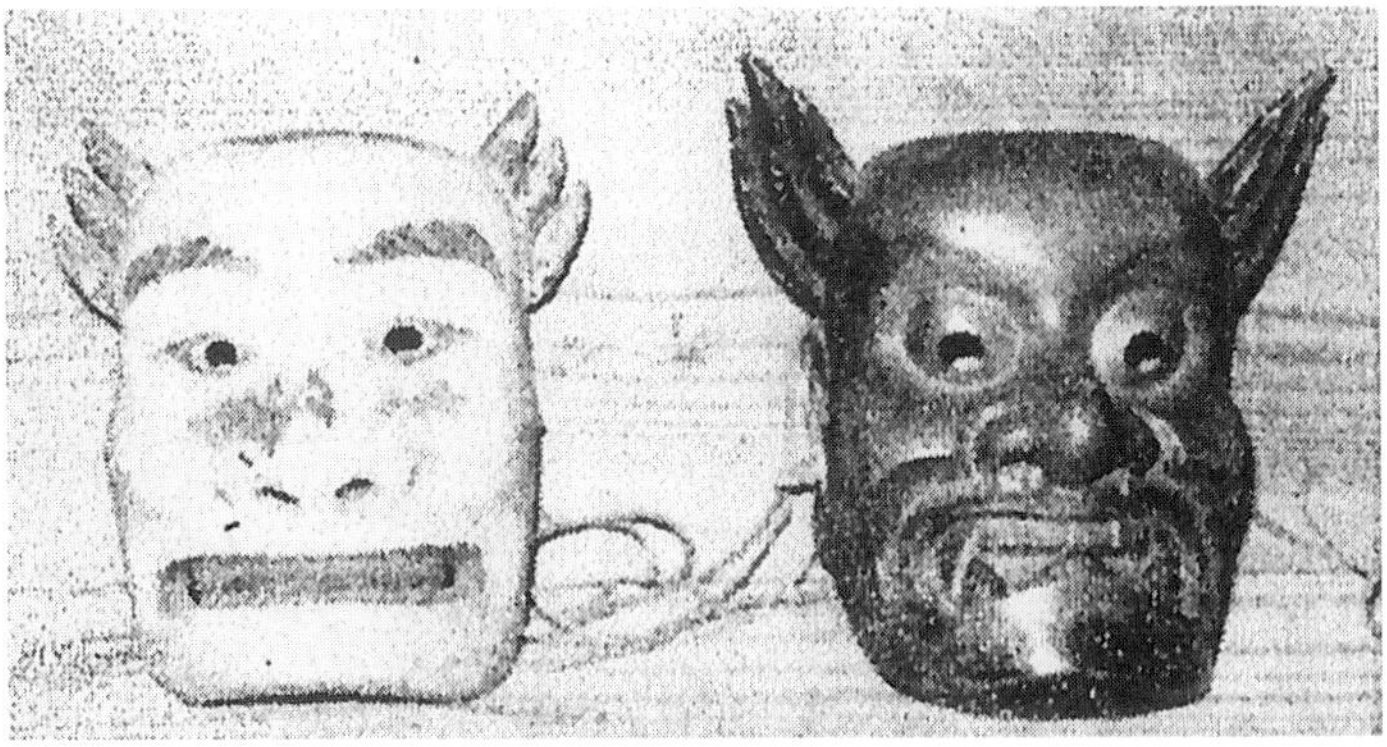

写真4　龍王の舞（しずめの舞）面形。向って（右）ひのう（左）みずのう（武井正弘「花祭の世界」『日本祭祀集成』4〈名著出版〉より転載）

熊野の「立願」と花祭

このことは例えば、平安時代の早い時期における熊野詣の動機の一つに、「病気平癒立願」の存在が想定される。熊野詣や熊野信仰には「立願信仰」がさかんであった。特に民衆にとって、病気が重くなれば熊野詣の回数（度数）が多くなるのである。つまり本人やわが子が重病で助かりがたくなると、「熊野詣をしますのでお助けください」と立願するのである。それはあくまで命がけの立願であった。そして、三山の仏（神）・菩薩の加護を得るために、熊野三山に登って、山岳・海洋修行を実践していた修験・山伏に「願文」を託して、「代参」してもらうほかはなかったのである。

この「熊野代参」と「立願」の信仰習俗を推測するのは、かつて奥三河（現愛知県）の「花祭」

に、大谷地区にある熊野三社権現の御神楽、いわゆる「てんでの舞」という立願の舞が存在していたからである（早川孝太郎著『花祭』下）。この花祭の立願は「生まれ清まり」の通過儀礼といわれ、日本仏教民俗学や修験道史研究では「擬死再生儀礼」と理解されている。つまりこの神楽によって、十三歳の子供から大人に生まれかわったのである。熊野神社でおこなわれる花祭の神楽は、熊野の「滅罪と福禄、および長寿と往生」を願うものといわれる。そして奥三河の人びとの「病気平癒」にたいする立願の習俗は、鎌倉後期の『玉葉和歌集』にもみることができる。

三河花祭の「祭文」は鎌倉時代まで遡るといわれる。おそらく平安時代の立願においても、熊野三山に代参した在地の修験・山伏が立願者に代わって熊野権現の宝前で舞を舞ったか、あるいは神楽男や八乙女などに舞ってもらったと推測される。

第三節　修験道の時代区分と修験道史研究

修験道の時代区分

そうすると、古代に活躍した山岳海辺修行者は、修験道という日本独自の宗教の中で、どの

ように位置づけられるのであろうか。私は修験道の時代区分をつぎのように考えている。すなわち

一、「原始修験道」（仙人・役行者以前）の時代
二、「初期修験道」（役行者以後から平安中期ごろまで）
三、「盛期修験道」（平安中期から室町時代まで）
四、「後期修験道」（戦国時代から幕末期、および明治五年の「修験道廃止令」まで）

の時代区分の設定である（さらに必要であれば、「五、近・現代の修験道」を設定してもよい）。古代の山岳海辺修行者は、「原始修験道」から「初期修験道」に関わる山と海の信仰を対象とした古代辺路修行者といえよう。その代表例は、修験道の開祖とされる延小角（役行者）である（『続日本紀』）。そこで古文献にみえる修験道伝承や考古学的遺跡・遺物とその伝承などに注意をはらいつつ、この時代の辺路修行者の実態については、第三章で検討することにしたい。

その後、平安時代中期から鎌倉時代になると、修験道という日本独自の宗教が組織的に成立して、「盛期修験道」の時代を迎えることになる。この盛期修験道の中心的霊場は、何といっても紀伊山地に聳える吉野大峯山（現奈良県）と、その南に位置する熊野三山（現和歌山県）の両霊場である。まず平安中期ごろになると、両霊山をつなぐ山伏の修行路が成立し、さらに

大峯山や熊野三山の霊場は神仏習合にともなう祭祀、組織、入峯修行、法会、年中行事などがととのえられることになる。そして熊野三山に限定すると、当時の政治形態である摂関・院政期の時代から、中世になると、身分的・階級的には、上は上皇・女院・貴族の熊野参詣から武士階級に、さらに下は富裕な中世民衆（上層農民）の支持を得て、いわゆる熊野詣や金峯山詣が出現することになるのである。さらに戦国期から近世中期ごろには変質しつつも、広汎な民衆の支持を得て熊野詣や金峯山詣などがさかんにおこなわれた。そこで熊野詣の歴史と信仰、および山岳信仰と海洋信仰にかかわった修験・山伏の文化的活動などを、各時代の中で明らかにしなければならない。

修験道と日本仏教のかかわり

ここで注意したいのは、修験道という日本独自の宗教が、あらゆる宗派のなかに浸透して、日本仏教の下部構造を構成したとみられることである。この問題は、その後の山岳・海洋宗教をふまえた修験道史の研究はもちろんのこと、隣接する日本歴史・日本仏教史・日本宗教史などの研究においても、ほとんど関心をもたれていない。しかし修験道と日本仏教のかかわりに注意すると、仏教各派は「法華経や念仏（浄土信仰）、禅」を媒介して山岳・海洋宗教や修験道とつよいかかわりをもったこと。さらに山林修行を「禅定《ぜんじょう》」とよんだ古代山岳宗教者の実践形態に、鎌倉期以降の禅宗との共通性が認められることなどの主張は、何よりも日本仏教と修験道の関係をしめす好例である。

このような歴史的・宗教的実相を背景にして、仏教各派の儀礼や法会、年中行事、思想などのなかに修験道の修行形態と信仰を見出すことができるのである。このような日本仏教の理解がなくては、仏教各派が日本人の真の宗教にならなかったと考えられる。しかもこの諸儀礼の基底に、仏教以前からあった民族信仰としての「庶民信仰」を認識しなければならない。ここでいう「庶民信仰」とは、「主に庶民一般に伝承されて残存している信仰そのもの」といえようか。換言すれば、日本の山岳・海洋宗教から構成される修験道は、庶民信仰を下部構造として保持し、さらにその上部構造にある仏教・陰陽道・道教という外来宗教(文化)と習合して成立・展開したことが理解される。

第四節　これまでの山岳宗教史・修験道史研究とは

「歴史的」研究と「宗教史的」研究

つぎに山岳宗教史（海洋宗教史）・修験道史研究は、これまでどのような分野で具体的な研究がなされてきたのかを記しておこう。

それは大別して「一、歴史的」研究と「二、宗教史的」研究に分類することができる。まず前者は、政治史・社会経済史の研究が先行していた。すなわち古代末期から中・近世への変革の時代に起こった源平争乱史や南北朝史の問題、あるいは戦国期の領主支配と修験のあり方、および近世幕藩制国家の本山・当山両修験教団への支配体制と宗教政策である。さらに近年は、中・近世の在地社会に生きる宗教者、つまり修験山伏、遊行者（仏教者・聖宗教者）の身分的問題などがある。

また「社会経済史研究」についても、これまでは、おもに院政期以降に山岳霊場寺院・神社に寄進された寺社領荘園や、中世の諸地域における先達とその霞場——在地の修験山伏の初穂集め、加持祈禱札などをくばる権利のある地域——と檀那関係、近世の地域修験の勧進と経済活動、縁日・開帳などの宗教的・経済的活動の課題などについて検討されてきた。

しかし注意したいのは、こうした古代末期から中・近世の政治史研究や、院政期以降の社会経済史研究の面からだけのアプローチでは、山岳宗教史・修験道史研究の本質・目的・意義などの解明は不十分である。そのためにはまず、右に述べた「歴史現象」を起こす要因が何であったのか、という基本的な課題に立ち戻らなければならない。

支配者中心史観からの脱却

一例をあげてみよう。院政期には、当時の政治権力者によって熊野詣や金峯山詣、あるいは南山城（京都府）にそびえる笠置山への信仰を背景に創建された、笠置寺への参詣がおこなわれたが、それは一体どうして起こったのであろうか。この疑問については、吉野大峯山・熊野三山・笠置寺などの霊山・霊場のみならず、その他の地域霊山に対する貴族や武士層、さらには民衆など身分をこえた修験道への信仰があった、という理解に立ち返らなければならない。

山岳宗教史・海洋宗教史は修験道史研究の基本的課題であるが、それは今日においても十分な理解を得ているとはいえない。しかも院政期の熊野詣については、文献史学の立場から、まず上皇・貴族などの熊野参詣が最初に起こり、それを受けて武士・庶民層の熊野詣が展開したという支配者中心史観にたった歴史論を展開するのが一般的である。はたしてそうであったのだろうか。たとえば左大臣藤原頼長の日記『台記』によれば、後白河法皇の熊野参詣が、国家財力に関わる金銭を使用していることについて批判している。それほどの回数と、ほぼ一カ月の行程（往復）をかけて、南海の遠隔地といわれる熊野三山へ参詣（広義の「巡礼」）することが……。それは当時の政治権力者である上皇と女院及び随行した貴族を受け入れる熊野三山側の

写真５　笠置寺の千手窟

組織・法会・儀礼や、宿泊所その他の受け入れ体制の準備が十二分になされていたことを前提にしなければならない。

上皇・女院と随行した貴族層の熊野参詣以前のあり方については、文献史学の立場から説明するのは困難であるが、先にふれた平安時代まで遡ると推測される三河の「花祭祭文」から類推すると、「病気平癒」を願い、大谷村の熊野神社で「てんでの舞」という「立願」の舞が存在していたことを考えると、貴重な伝承である（早川孝太郎著『花祭』下）。古い時代の熊野詣には「病気平癒」に対する熊野神への「立願」信仰が早くからあったと思われる。のちにも述べるが、諸国の重病人が熊野詣をすることが困難であった時代には、熊野参詣を熊野修験に「代参」してもらったか、あるいは熊野権現の宝前で神楽男や八乙女などに舞ってもらったのではないかと思われる。このような庶民信仰的熊野信仰の立場にたてば、むしろ庶民層の熊野信仰が早く、そうした民衆の信仰をふまえて、院政期に上皇・貴族層の熊野参詣が起こったという発想の展開が必要である。

したがって院政期の政治状況や社会体制の変容のほかに、貴族世界の危機意識などにもとづいて、右にふれた山岳宗教の上部構造を構成する仏教・陰陽道・道教などにつよい関心を寄せていた、という指摘だけでは不十分であろう。あわせて山岳宗教の下部構造、つまり庶民信仰・民衆信仰としての山岳宗教（海洋宗教）を把握・検討しなければ、熊野御幸・熊野参詣の歴史現象が生起した要因を明らかにすることはできないのである。

山岳宗教史（や海洋宗教史）の重要性

しかも山岳宗教（や海洋宗教）の成立について、「自然崇拝説」、つまり山岳の崇高さが山を「神格化」するという通説に対して、水分《みくまり》信仰と「霊魂崇拝説」から論じられなければならない（第一章第三節参照）。具体的には、古代の村落や漁村を「生活の場」とする人びとの遺体を山中や山麓、あるいは海洋・川などに葬るという葬墓習俗をふまえて、死者の霊魂は山岳や海洋にとどまるという山中・海洋他界観で説明する必要がある。

このような見解に立脚すると、はじめて吉野大峯山・熊野三山・笠置山などの霊山・霊場にのみ山岳信仰（や次に述べる海洋宗教）が存在したのでなく、諸国の「国峯《くにみね》」に代表される地域霊山にも山岳信仰があったことを理解することができる。そして民衆も山岳信仰を保持していたといえるのである。こうした宗教理解は、山岳信仰成立の歴史的・宗教的要因を問うだけではなく、中央中心史観を脱却して、地域中心史観にたった山岳宗教史・修験道史研究の重要性と発展性を強調するものである。ともあれ、こうした山岳信仰（や海洋信仰）の理解をふまえて、はじめて平安貴族層や中世の武士、民衆層と同じレベルの山岳信仰を保持することができる。

民衆（庶民）信仰としての山岳宗教

このほか民衆信仰・庶民信仰としての山岳信仰については、先にふれた畿内や地域の霊山・霊場を山岳修行の「場」として、命がけの実践行をおこなった修験山伏が、その難行・苦行のしるし（験）として獲得した「呪術」「巫術」「占術」とその信仰にも見出せること。さらに修験道の霊魂観・神観・他界観、あるいは罪業観・滅罪観・禁忌（タブー）観にも表出していることなどは、すでに先学が指摘しているとおりである。

しかも右に述べた二点をふくむ宗教史研究の課題として、具体的に、一、修験霊場（寺社）の発生と展開、および山岳信仰（海洋信仰）をになう信仰者の信仰内容、二、陰陽道信仰、三、仏教的信仰、四、修験道の教理体系、五、実践体系と儀礼、六、山岳宗教者（海洋宗教者）の問題がすでに指摘されている。

右に述べた山岳宗教史研究の課題が指摘されてから、かなりの時間が経過したが、かならずしもこの方面の研究が進展しているとはいえない状況にある。しかも右の課題は、これまでの修験道史・修験道研究がその宗教概念を仏教・密教・陰陽道に終始してきたことへのアンチテーゼであったといえよう。本書ではこのような視点から、熊野三山の山岳・海洋信仰の歴史と修験道文化の課題に接近したいと思う。

第二章　熊野信仰の宗教史的・文化史的研究

第一節　熊野三山信仰の宗教史的課題

熊野三山の宗教史的・文化史的課題

そこでここでは、熊野三山とその信仰の課題、すなわち新宮・本宮・那智（三社・三所）の宗教史的・文化史的課題について述べておきたい。

まず熊野三山信仰の宗教史的課題については、前章でもふれたが、古代の三山は山岳信仰と海洋信仰を基底に発生し、そののち外来宗教（文化）としての仏教・道教・陰陽道が習合して、初期熊野修験道が成立した。その研究史については、一九九二年までの研究成果を整理された宮家準氏の『熊野信仰』（雄山閣）に詳しい。さらに宮家氏には中世の熊野修験の展開を詳細に論じた『熊野修験』（吉川弘文館）もある。このほか近年は熊野詣の歴史的変遷を論じつつ、中世の熊野信仰が諸階層の人びとに受け入れられ、諸国に伝播する過程を明らかにした小山靖憲氏『熊野古道』（岩波新書六六五）などが参考となる。著者も初期熊野修験道の成立については早くから論じているが、その基底をなす山岳宗教とともに、海洋宗教（海の宗教）については異論が出されているので、次の第三章以下において、文献史料に伝承資料を補ぎないながら詳細に確認したいと思う。

それらの諸研究を参考にすると、熊野信仰は平安中期以降に展開した神仏習合思潮を背景にして、三山の神仏（仏・菩薩・権現）に対する信仰が顕著になったことがわかる。院政期から中世になると、本宮証誠殿《しょうじょうでん》に祭祀された主神熊野家津御子《けつみこ》大神の本地仏阿弥陀如来に対する信仰、つまり「死後往生」と現世利益の「現当二世」信仰が中心となり、あわせて新宮の主神である早（速）玉大神の本地仏薬師如来の信仰と、那智の神（結宮《むすびのみや》）の本地仏千手観音の信仰をもとめて、三山に参詣する熊野御幸・熊野参詣の宗教現象を生みだした（『長秋記』長承三年二月一日条、参照）。そして中・近世にも身分や階層をこえて広汎な人びとの支持を得たのである。その諸相の解明には、諸国に伝播した熊野信仰の様相、および熊野信仰の地域化に関与した熊野系の宗教者（熊野本願山伏・熊野本願比丘尼・聖など）の究明とともに、なお大きな問題が横たわっている。したがってその解明には熊野三山の寺社のみならず、在地社会の諸寺社などに所蔵される未発見史（資）料の調査と整理・分析による、詳細な研究が必要となる。

第二節　修験道の「文化史的」研究

修験道の「文化史的」研究

そうした熊野三山と熊野信仰の「宗教史的研究」とともに、いま一つの課題として提唱されているのは、修験道の「文化史的研究」をどのように受けとめ、熊野信仰の展開のなかで検討していくかということである。具体的には、まず「一、修験道文学」としての寺社縁起・本地物・霊験譚・絵物語・説教・祭文・民間説話などがある。さらに「二、修験道美術」としての絵画史料に限定すると、寺社参詣曼荼羅・観心十界曼荼羅・権現縁起絵巻・祖師絵伝、近世の名所図会などがある。これらは前節で述べた修験道の政治史的・社会経済史的研究、あるいは本節で述べた宗教史的研究とともに、修験道の文化史的研究に大別される。それはまた、日本史研究や説話伝承研究、芸能史研究などの隣接する学問からは、いまだ見出すことができないのである。もう一つの歌謡・舞踊・演劇などをおもな内容とする「三、修験道芸能」を加えてその意図する内容については、すでに五来重氏の概要に詳しい。宮家準氏や鈴木昭英氏その他の研究者も、右の分類についての賛否はともかく、早くから修験道の文化・美術・芸能に注目し、優れた研究成果を呈示されている。

修験道の文化史的研究として、新たに提起された「修験道文学」・「修験道美術」・「修験道芸能」は、さらに「四、修験道遺跡・遺物」と「五、修験道伝承」をくわえて、さらに批判的に継承していくことが肝要であろう。それは修験道・修験道史研究の新しい成果を生みだす可能性と、その研究成果がひろく隣接する学問にも影響をあたえると思われるからである。

修験道文学の研究

以上の内容から、熊野信仰の展開過程に生みだされた修験道文学・修験道美術・修験道芸能の研究について、とくに修験道文学と修験道美術に限定して述べると、まず前者は、熊野の「修験道縁起」と規定されていることである。たとえば熊野権現の垂迹を語る長寛元年（一一六三）の「熊野権現御垂迹縁起」が、その例である。本縁起は熊野三山側の修験霊山の伝承をあつめた縁起として、もっとも古い年次をもっている。しかも熊野権現の由来を語る内容には多くの問題を含んでいる。すでに松本隆信氏は「熊野に関する旧来の諸伝承を網羅して組織立て」る意図があることを指摘した。それは『神道集』にもみられ、熊野権現の縁起を語る物語として広く流布した「五垂殿物語」や、『神道集』とほぼ同時代の『諸神本懐集』にも、異なった伝承を記しており重要である。

このほか室町期以降に作成された「熊野の本地」の名で呼ばれる物語諸本、「熊野権現御垂迹縁起」をのぞく多様な中世の熊野縁起が、近世にどのように変容したかを考えさせる「熊野十二所権現垂迹霊地」(上・中・下の三巻書)なども、熊野修験の貴重な縁起・系図である。これらの諸縁起類を仮に「修験道縁起」と規定したいが、その多様な史料を整理して、修験道文学に位置づける作業が要求されるのである。

修験道美術の研究

つぎに修験道美術に注目すると、早くから「熊野曼荼羅」、「熊野観心十界曼荼羅」、「熊野那智参詣曼荼羅」など一群の絵画史料がある。石川智彦氏の研究によれば、熊野曼荼羅は熊野信仰の伝播にともなって、都を中心にしながら広汎な地域に遺品がみられるのに対して、熊野の地域には少ないという特色があるという。基本的文献は鈴木昭英氏や中野照男氏などの研究であるが、小栗栖健治氏には「熊野観心十界曼荼羅」の興味深い論考の蓄積がある。

写真6　熊野曼荼羅（『熊野もうで』〈和歌山県立博物館〉）より転載

「熊野観心十界曼荼羅」・「熊野那智参詣曼荼羅」は、いずれも中世末期から近世初頭に量産された歴史がある。しかも早い段階においては、熊野本願所寺院（第五章第三節参照）に所属し、これらの絵図を用いて遊行・勧進した熊野本願比丘尼、山伏の絵解き・唱導が注目される。さらに東京・根津美術館蔵「那智瀧図」や京都・檀王林蔵「熊野権現影向図」などの絵画史料もある。前者は十三世紀末ごろの制作として「自然美と崇高さを融合させた」優品として知られている。また後者は、浄土信仰の高まりのなかで、熊野本宮の本地仏・阿弥陀如来が山越えに来迎した姿を現わし、しかも熊野信仰に篤い老女の説話が付随している。元徳元年（一三二九）に描かれた作品として名高いが（一六六頁参照）、修験道美術の課題とともに、熊野信仰と修験道文学を考えるうえでも重要である。

熊野信仰と修験道遺跡・遺物

そのほか熊野三山に所蔵される神像や、平安時代に造立がはじまった本地仏の問題などは、熊野三山のほか、諸地域の寺社にも所蔵されていることが明らかにされつつあり、熊野信仰と深い関わりをもつ修験道遺跡・遺物の課題として重要視されるのである。さらに工芸品に属すると考えられている掛仏にも、熊野十二所権現の本地仏を表現したものがある。たとえば京都細見美術館や文化庁所蔵の熊野十二所権現二面（いずれも鎌倉後期作）は、さきにふれた熊野曼荼羅の「御正体図像」を立体的に表現した貴重な遺品の一つと指摘されている。熊野那智妙法山山頂奥之院の阿弥陀寺なども、鎌倉時代の作品として注意されるが、これらの作品群とともに、修験道美術の制作に携わった絵師や、工房などについても検討する必要がある。

第三節　庶民信仰としての山岳宗教史・修験道史の課題

修験道と日本仏教の関係

古代以来、諸国の山岳や谷、湖水から海岸の巌、岬、磯などを修行場として、きびしい山林抖擻や籠山修行、あるいは海辺の辺路と巡りをおもな修行形態とする初期修験道が成立した。修験道史の時代区分でいえば、平安中期から鎌倉時代の「盛期修験道」時代には、紀伊山地に聳える吉野大峯・熊野の修行路の完成を背景に、吉野修験道と熊野修験道の祭祀、組織、入峯修行、法会、年中行事などが整えられた。

すでに院政期から中世にかけて、上皇・女院・貴族層の熊野御幸から、武士階級、さらには富裕な農民層の支持を得て、いわゆる熊野参詣・金峯山詣が出現したことが知られている。そして変質しながら近世になっても、広汎な民衆層の熊野詣や金峯山詣がみられるのである。したがってその様相と信仰内容、およびそれにかかわった修験・山伏の活動を各時代のなかで明らかにしなければならないが、ここで注意されるのは、修験道があらゆる宗派のなかに浸透して、日本仏教の下部構造を構成したという重要な指摘が早くからあることである。この問題については、その後の修験道史研究はもちろんのこと、隣接する日本史・日本仏教史研究においてもほとんど関心をもたれていない。

たとえば修験道と日本仏教の関係にふれると、仏教各派が法華経や念仏、この場合は浄土信仰をさし、さらに禅を媒介して山岳仏教・修験道とのつよいかかわりをもったこと。さらに山林修行を「禅定」とよんだ古代山岳宗教と、禅宗の共通性がみとめられるという主張が、何よりも日本仏教と修験道との関係をしめす好例であろう。このような歴史的・宗教的実相を背景とした仏教各派には、その儀礼と法会、年中行事、思想などのなかに修験道の修行形態や信仰を見出すことができるのである。いや、このような日本仏教の理解なくして、仏教各派は日本人の真の宗教とならなかったに違いない。この問題は、これまで日本史研究や隣接の学問分野で「神仏習合」の問題として把握・検討されてきたが、さらに仏教的教理とともに、年中行事などの儀礼や法会の基底に、民俗信仰・庶民信仰があったことを再確認しなければならない。

庶民信仰史の理解

ここでいう庶民信仰とは、簡潔にいえば、「おもに庶民一般に伝承され残存している信仰そのもの」と規定されていることは、すでに第一章第三節で述べた。すなわち自然宗教、未開宗教、あるいは呪術宗教にかかわる分野である。山岳宗教や次章で詳述する海洋宗教と修験道の問題は、この庶民信仰・民俗信仰を下部構造とし、上部構造として仏教・陰陽道・道教などの外来宗教（文化）と習合して成立・展開してきたと考えられる。

山岳宗教史・修験道史の問題点

そこでつぎに、山岳宗教・修験道の研究史を簡略に述べておきたい。まずこの研究は「歴史的研究」と「宗教学的研究」に大別することができる。前者はどちらかといえば政治史・社会経済史の研究が先行した。しかし注意したいのは、古代末期から中世・近世の政治史や、院政期以降の社会経済史の面からだけのアプローチでは、山岳宗教史・修験道史の本質・目的・意義などの問題解決は不十分である。それは何よりも、まず右にふれた「歴史現象」を起こす要因が何であったのか、という基本的な課題を問わなければならないからである。

熊野参詣の歴史に関する疑問

一例をあげてみよう。すでに前節でふれたが、熊野詣や金峯山詣、あるいは南山城地域にそびえる笠置山の山岳信仰を背景に創建された笠置寺への参詣が、どうして「院政期」に起こったかという問題である。この課題については、吉野、熊野三山、笠置山などの霊山・霊場のみならず、その他の霊山にも権門貴族、武士、民衆の信仰があったという理解に立ち返らなければならない。これは山岳宗教史・修験道史研究の基本的な課題であるが、今日においても十分な理解を得ているとはいえないのである。

熊野参詣の歴史についても、すでに触れたように、民衆レベルの熊野参詣が早く、その宗教現象をふまえて上皇・権門貴族層の熊野参詣が起こったという発想が必要であると思う。さらに、先学が指摘する院政期の政治状況や社会体制の変容と、権門貴族層の危機意識などについても、山岳宗教の上部構造を構成する仏教・陰陽道・密教などにつよい関心をよせていたから、という指摘だけでは不十分といわざるをえない。あらためてその下部構造、つまり庶民信仰としての山岳宗教を把握・検討しなければ、熊野御幸・熊野参詣の歴史現象が生起した要因をあきらかにすることはできないのである。

このような宗教理解は、山岳信仰や海洋信仰成立の歴史的・宗教的要因を問うだけではなく、とくに山岳信仰の場合、これまでの中央中心史観を脱却して、地域中心史観にたった山岳宗教・海洋宗教と修験道史研究の重要性を強調するものである。こうした山岳信仰と海洋信仰の理解をふまえて、はじめて権門貴族層も武士や民衆とおなじレベルの信仰習俗を保持していたということができるのである。

第三章　熊野信仰史研究の諸問題

第一節　熊野の景観と自然信仰および霊魂信仰

熊野地域の歴史的・宗教的様相

一般に「熊野信仰の様相とは何か」、という問題を論じるとき、これまで多くの論者は、歴史的に熊野三山信仰が制度として成立する十一世紀中・末期以降から述べるのが一般的であった。これは文献史料を第一義とする日本史研究の立場からすれば、妥当な考え方であろう。しかし十世紀後期から十一世紀以前の熊野地域の歴史と宗教、すなわち古代熊野の「カミ」（神）と「ホトケ」（仏）をどのよう理解したらよいのか、という問題がある。これについては、十分な理解と説明を示しているとはいえないのである。

そこでこの疑問に有益な解釈をほどこすために、まず紀伊半島の南部に位置する熊野地域の歴史的・宗教的様相を述べなければならない。それに先立って、まず当域の景観から眺めることにしたい。

熊野地域の特色をたずねるとき、まず気がつくのは温暖であり、雨の多い気候が深い「山々」を形成していることである。このような自然的状況が「山国」としての顔、つまり「山の熊野」が熊野三山を宗教的聖地として神聖視されてきた大きな要因である。それとともに「山の熊野」の南方には、黒潮が流れ、美しい海岸と高く聳えたつ奇岩が、変化にとんだ熊野の景観を形づくっている。ここに「海の熊野」の顔があることに留意しなければならない。有史以前に、このような熊野地域の豊かな山と海を神聖視し、この地域に「自然崇拝」と「霊魂崇拝」の信仰が育まれたと思われる。

自然崇拝と霊魂崇拝

そのうち「自然崇拝」（自然信仰）の信仰から説明してみたい。

熊野川と太平洋を望む場所に鎮座している熊野速玉大社の西岸、すなわち千穂ケ峯（二五三メートル）を主峯とする権現山の南端に、神倉山《かんのくらやま》（標高一二〇メートル）がみえる。この神倉

写真7　神倉神社とゴトビキ岩（神の降臨した聖地）

山の山頂には神倉神社（もと祭神は高倉下命）が鎮座し、その東隣りに巨岩の「ゴトビキ岩」（神体石）が立っている。神が降臨した場所として神聖視され、有史以前に磐座《いわくら》信仰から発した聖域であることが知られる。またゴトビキ岩の周辺三カ所からは、平安末期の鏡面毛彫馬頭観音像や、室町時代の一字一石経石などを含む総計三〇〇点の仏教民俗関係の遺物が出土している。平安中期以降の浄土信仰の高揚を背景に、神倉山を修行の場とした熊野修験・山伏によって営まれた経塚遺跡群である。

このように神倉山のゴトビキ岩一帯は、有史以前新宮の一大聖域であったが、そののち平安中期ごろに、熊野三山制（本宮・新宮・

写真８　那智の大滝（一の滝）（米田実氏撮影）

那智）が成立すると、神倉神社は新宮早（速）玉神社の摂社になることは、のちに述べたい。

このほか日本の滝の代名詞として名高い「那智滝」（一三三メートル、国指定名勝）も、自然崇拝信仰の対象と考えられる。熊野那智山の烏帽子山、大雲取山、妙法山、舟見山から流れでる四つの渓流には多くの滝があるが、これを「那智四十八滝」と総称している。このうち那智滝とは一般に「一の滝」（大滝）をさし、那智大滝・お滝ともよばれる。この那智滝への信仰は古代からあったようで、大滝を神聖視する原始信仰にはじまるという。しかし私はこの通説とは別に、大滝は那智大社の奥之院といわれ、現那智勝浦町やその周辺の人たちの葬送・葬墓習俗にともなって、死者霊の往く世界、つまり

「他界」の信仰がある妙法山（標高七四九メートル）に往く（鎌倉時代に死者霊を管理する阿弥陀寺ができる）「禊の場」説を主張している。それが二次的な変化によって滝を神格化して、その周囲に社殿が造営されて滝本社ができた。そこに那智山の修験集団が住んだものと理解している。

神倉神社のゴトビキ岩や那智第一の滝は、いずれも神々が降臨し籠っており、あるいは自然の大滝を神聖視する自然崇拝・自然信仰を表出する。その前提として、熊野の原義、つまり古代の都があった奈良や京都からみて「奥まったところにある未開地」説をふまえることが指摘できる。

さらに、もうひとつの民俗信仰としては、熊野地域に顕著な「霊魂崇拝」に注意しなければならない。ここにいう「霊魂崇拝」とは、古代熊野の山と海のかなたに「他界」、つまり死者の「霊魂の往く世界」を想定し、そこを「他界」とする山中他界観・海洋他界観の表出である。それは古代日本人の霊魂観・他界観・去来観・神観念を背景に、生み出された信仰である。その基底には、山中・山麓と海洋に死者を葬る葬送・葬墓習俗があり、私も仏教民俗学・宗教民俗学の立場からこの説に賛同している。

古代熊野の山岳・海洋信仰

この他界信仰の根拠のひとつは、『日本書紀』（神代上）に記す、イザナミノミコト（イザナギノミコトの妻とされる）を「紀伊国熊野有馬村」に葬ったという神話の存在である。すなわち「土俗、此の神の魂を祭るには、花の時には亦花を以て祭る。また鼓吹幡旗を用いて、歌い舞いて祭る」と記されている。これは三世紀ごろの日本人の葬送・葬墓習俗、つまり「七日八日のエラギ遊び」（『魏志倭人伝』）を髣髴させる習俗である。また右の神話の舞台は、現在の三重県熊野市有馬町の海岸、すなわちすでに触れた大辺路沿いの近くに聳える「花の窟《いわや》」（現花の窟神社、写真参照）をさしており、この信仰伝承は、もちろん今日の有馬町の人びとに信じられている。高さ七〇メートルの巨大な一枚岩が聳え立ち、正面にある三メートルほどの穴がイザナミノミコトの墓といわれている。「花の窟」の眼前に立つと、圧倒的な存在感に覆われ、何人をも平伏させる力を孕む霊地であることに気づくのである。しかも花の窟の頂上付近には、のちに述べる伊勢路とそれにつづく大辺路を歩く古代の山岳海辺修行者が、海洋他界を遥拝する聖地＝「めぐり（巡り）行道」の修行場があり、そこをめぐる信仰があったことも重要である。

もっとも、この神話伝承にいうイザナミノミコトが、熊野灘の海岸沿いに現存する「花の

写真９　花の窟（花の窟神社）

窟」に埋葬されたことを意味しないという異論を待つまでもなく、もとは古代の海岸の民の死者を葬る原始葬所であっただろう。そこから私は「花の窟」の原始葬所と、その隣に位置していた「わうじ（王子）の岩屋」（平安中期の増基法師の紀行文『いほぬし』に見えている）の窟《いわや》信仰、および海洋他界（常世）信仰が複合して、奈良時代に「三つの熊野」（山の熊野・海の熊野・窟の熊野）ができたことを述べたのである。この推論は、古代の「三つの熊野」説をふまえたものであるが、「窟の熊野」がイザナミノミコトの陵（墓所）に転化されたおもな要因であろう。その背景には、伊勢を「顕国《うつしくに》」として、その西に位置する熊野を「隠国《かくれくに》」とする古代信仰の存在が想定される。

このような古代熊野の信仰を想定しなければ、すでに第一章で述べた平安後期の「伊勢熊野同体説」（『長寛勘文』所載「熊野権現御垂迹縁起」）は生み出されなかったに違いない。それはまた、古代の伊勢から熊野へ行く古道、つまり伊勢沿いの「大辺路」に連なる「伊勢路」が開かれたことと密接な関係があったと思われる。そこでつぎに、古代の大辺路について、文献からさらに抽出してみよう。

第二節　古代の大辺路と辺路信仰

四国の辺路

まず「大辺路」の「辺路」とは何かという問題から考えてみたい。
十二世紀前半の成立とされる『今昔物語集』（巻三十一第十四話）には、四国の「辺路」伝承が記されており、文献史料としても民俗資料としても重要である。

四国ノ辺地《へじ》と云ハ伊予讃岐阿波土佐ノ海辺ノ廻也……（豊島、以下同じ）

平安後期ごろの四国に、「海辺を廻る」修行形態があったことを知るのである。しかもそれは「四国ノ辺地」、すなわち伊予・阿波・土佐・讃岐の「へじ」とは、「海辺を廻る」修行形態をさしていた。ちなみに漢和辞典によると、「辺地」とは、片田舎の土地、あるいは辺鄙な土地を意味するという。しかし「海辺を廻る」という行動はあらわしえない。先の古典には、「へじ」とは「四国の海辺を廻る」意味であったと記されていた。しかも、『梁塵秘抄』という歌謡集（後白河法皇撰）には、「四国の辺路をぞ常に踏む」とあり、古代の巡礼形式であった。そのためであろうか、辺路修行者の「衣はいつとなくしほたれて」、海風で塩垂れていた。その苦痛を堪え忍ぶ苦行が、「忍辱袈裟をば肩に掛け」（同書）と表現されたのである。

右の二つの古典史料に見える「辺路」とは、つぎに検討する四国の「海辺の路《みち》」をさし、古代の辺路修行者あるいは山岳海辺修行者が、海辺の小島や岬、巌などを「王子」として崇拝し、「廻る」（＝廻る信仰と仏教が習合すると「行道」修行になる）修行形態として伝承されていたと推測される。

このような古代の「辺路」修行が、後世には四国の霊場寺院を廻る「遍路」修行となるのである。そのため辺路修行者・山岳海辺修行者が実践していた修行の内容が重要な問題となるのである。

伊豆大島の辺路と辺路修行

さらに十二世紀前半には、『梁塵秘抄』、『今昔物語集』などの古典史料に同じ修行形態として関東の伊豆大島周辺の島や、北陸の珠洲岬などの島・岬・巌などがみえているので、この点を押さえておこう。

『今昔物語集』巻十七第十六話「伊豆国大嶋郡建地蔵寺語」には、つぎのように記されている。

今昔、伊豆ノ国、大嶋ノ郡ニ海ノ岸遙ニ絶テ、鳥獣モ難通キ嶋有リ。其ノ嶋ノ西南ノ勝地有リ。昔江（役）ノ優婆塞ノ此ノ国ニ被流タリケル時ニ、時々飛来テ、勤メ行ヒ給ケル所也。而ルニ嵯峨天皇ノ御代ニ一人ノ修行ノ僧出来レリ。名オバ蔵海ト云ケリ。

平安初期の嵯峨天皇（延暦五〈七八六〉〜承和九〈八四二〉）の御世、弘法大師空海（宝亀五〈七七四〉〜承和二〈八三五〉）在世のとき、伊豆国大嶋から離れた島の、海岸沿いの辺路を廻る辺路修行者の伝承が伝えられていた。それは後世、修験道の開祖とされる役小角（役行者）の辺路修行を継承したという蔵海が実践していた。しかもその様相というのは、

口ニハ専ニ地蔵ノ名号ヲ唱ヘテ断ツ事无シ。身ニハ久ウ地蔵ノ形像ヲ負テ、身ヲ放チ奉ル事无シ（同書）

という「行道めぐり」であった。つまり古代の辺路修行者蔵海は、自身が信仰する地蔵尊を笈

に背負い、「地蔵の名号」を一心に唱えながら、伊豆大嶋から少し離れた島の辺路をめぐっていたらしい。

これは古代山岳辺路修行者の伝承を具体的に記したものとして、貴重である。そうすると平安中期の僧で、民間浄土教の祖とされる空也（延喜三〈九〇三〉～天禄三〈九七二〉）が、優婆塞であった若いころに「歴五畿七道、名山霊窟遊」（『空也誄』）とみえるのは、阿波・土佐二州の海中の湯嶋で、数カ月の辺路修行をおこなっていた（同書）。それは阿波・土佐両国を渡る海中の島、すなわち「湯嶋の霊窟」において、辺路修行の一環として霊窟をめぐる苦行をおこなっていたと推測される。

能登半島の辺路

古典史料で注目したもうひとつは、北国の能登半島にも辺路修行があったことである。『梁塵秘抄』の今様歌に、

我等が修行にいでし時、珠洲の岬をかいさはり、内廻り、振棄てて、
一人越路の旅にでて、足打せしこそあはれなりしか、

写真10　熊野参詣道（大辺路・伊勢路の地図）（『熊野の歴史を生きた人々』〈みえ熊野学研究会編〉より抜粋））

とある。ここには家族や家を「振棄てて」、珠洲の岬の辺路を廻ったことが伝承されていた。つまりこの辺路修行者は、珠洲の岬の岸壁にしがみつきながら、断崖・巨巌を廻る苦行を実践していたのである。それが「かいさはり（内廻り）」の意味であろう。この「今様歌」から、断崖の壁に必死にしがみついた辺路修行者の実感と孤独感が読みとれるのである。岩壁に指がかからなければ、この辺路修行者は海に転落するのであるから……。

日本海のかなたにあると信じられた死者霊の往く世界、すなわち「他界」を遥拝するために、珠洲の海岸の辺路、すなわち嶋、岬、巌を廻る古代辺路修行者の存在と、きびしい苦行のありさまが断片的な痕跡として伝えられていたのである。

こうして四国や伊豆大島に近い島、あるいは能登珠洲の海岸沿いの巌などに、断片的ではあるが辺路修行の痕跡が存在していた。それはさらに、紀伊半島から東の伊勢国に通ずる海岸沿いの古道、すなわち「大辺路」と「伊勢路」（地図参照）や、熊野灘沿いの大辺路の岬・窟・磯や、おなじ海辺の小島などにある「王子」が点々と分布していたのに注意しなければならない。

紀伊半島の辺路と王子研究

ここで古代以来、紀伊半島の最南部に位置する「辺路と王子」の研究史を確認しておく。これまで紀伊半島の本格的な辺路研究はほとんどみられない。管見では、わずかに近藤喜博氏が四国の辺路の存在と、その形成に紀伊・熊野の影響があることを指摘したのが早い。そのほか五来重・村山修一両氏が海洋宗教研究・海洋信仰研究の問題として注目されているにすぎない。そのなかで五来重氏は一九八〇年初頭以来、膨大な海洋宗教の体系化を構想され、多くの著書や論文でその一部を論じられたのが、唯一、本格的な研究である。

五来氏の論拠のすぐれている点は、古代以来、「山岳宗教」（山の宗教）に対応して、海のかなたの「常世」（理想郷）を対象とする「海洋宗教」（海の宗教）の実践者＝辺路修行者を見出したことにある。山岳修行者が辺路修行をおこなっていたことから、歴史的にも宗教的にも、既述の「山岳辺路修行者」と規定する方が正確であろう。しかも、五来氏の海洋宗教の歴史的・宗教的研究を、史料的にまた民俗的に批判的に継承している研究はみられない。

そこで私は山岳宗教史・修験道史研究の立場から、五来氏が提唱された海洋宗教史研究の成果を批判的に継承しつつ、平安中期ごろに成立する熊野三山以前の辺路信仰・王子信仰を、熊野修験道史研究の重要な問題として検討している。それは紀伊半島南部の海洋宗教・海洋宗教史研究を前進させることにほかならない。この場合、古代の辺路と王子の関係とその信仰実態が問題となる。中・近世になると、どのように継続し、しかも熊野信仰の伝播者である辺路信仰・王子信仰をになった「山岳海辺修行者」とどのように繫がっているのか、さらには地域民衆の精神生活（宗教生活）と深くむすばれているのかなど、多くの課題がよこたわっている。

第三節　紀伊半島の大辺路と海辺の王子

伊勢路と紀伊路

右の課題をふまえて、まず古代の「伊勢路」の問題から考えてみたい。
前節でもふれた『梁塵秘抄』には、つぎのよく知られた歌が詠まれていた。

熊野へ　まゐるには　紀伊路と伊勢路のどれ近し　どれ遠し
広大慈悲の道なれば　紀路も　伊勢路も　遠からず

平安中期から後期のころ熊野詣の古道には、すでに「紀伊路」と「伊勢路」が開かれていた。

前者は都の京都を出発し、船で淀川を下り大坂の渡辺の浜に着く。そののち大坂を南下して、紀伊国田辺（現田辺市）から「中辺路」を東に向かって進み、熊野本宮神社に参詣するのである。平安後期から鎌倉初期の政治形態である院政期に、天皇・上皇や女院が貴族層とともにさかんに利用した古道である。この時代の熊野御幸を代表する上皇や権門貴族の記録・日記などに記される参詣道のひとつである。

しかし本宮・新宮・那智の熊野三山を巡る行程については、京都から伊勢神宮を参拝した後、伊勢回りで「大辺路」に入り、矢ノ川峠（現三重県南部）を越えて熊野新宮に出、熊野本宮を終点とする「伊勢路」の方が、距離的にも時間的にも早かったであろう。しかも十二世紀後期ごろの民衆にとって重要なことは、どちらの古道を通っても同じ距離であるだけではなく、いずれを通っても熊野権現の「広大慈悲」の功徳は、おなじであるという熊野信仰を主張していたことにある。

「王子」とは

こうして伊勢国から紀伊半島の海岸沿いの「伊勢路」は、また「大辺路」を通ることになるが、このばあい、熊野灘の海岸沿いの大辺路には巌や岬、あるいは海中の小島などに「王子」

写真 11　大神社（旧浜ノ宮王子）

が分布していたことは注意しなければならない。

ここにいう「王子」とは、先に記した『梁塵秘抄』にも「熊野の若《にゃく》王子」とみえている。しかもこの王子の研究は、熊野権現の分身として出現した「御子《みこ》神」説で説明するのが、一般的である。しかし歴史文献や古典史料にみえる平安中期から中世の「中辺路」コースとは別に、前節で述べた「大辺路」に隣接する「花の窟」と、そのかたわらに「わうじの岩屋」（王子の岩屋）があったこと。さらにつぎにも述べるが、熊野灘の小島に王子と御祭神の王子神が祀られて、漁民の海の信仰習俗がみられることは、王子神を通説の「御子神」説では説明できない。そこでこの点をよく示す近世初期の漁村史料を提示して、論証することにしたい。

近世の訴訟文書に見える王子

時代は下るが、近世初期の古泊浦（現三重県熊野市古泊）の漁業文書に、熊野浦の漁民の信仰を見出すことができる。万治三年（一六六〇）子六月十八日付「乍恐御訴訟申上候」（写、『古泊史料』、大屋氏古文書六）の一札に、つぎのような「王子」が存在していた。

乍恐御訴訟申上候

一　古泊浦　宮ノ王子　しおあし
一　同　コバイノ王子　可ます　むつ
一　同　はこ嶋ノされおうし　同断
一　同　鬼ノ城鯵ずり　同断
一　同　木本脇ノおうし　同断
一　同　はち坊かおうし　同断
一　同　中ノ岩ノおうし　同断

一　同　大はんにや前　　　　同断
一　同　くしや前ノおうし　　同断
一　同　しハら前ノおうし　　同断
一　同　　市木ざき前　　　　同断

右之通、古泊浦ニあミ（網）拾六状御座候故、しお、かます、あし、むろ、むつ年々取上ケ申所ノあじろ（網代）ニて御座候故、此分引申事迷惑仕候間、被為仰付可被下候、以上

万治三年
子ノ六月十八日　　古泊庄屋
吉太夫
頭百姓
利左衛門
同　吉太郎

喜田作治兵衛殿

それによると、古泊浦の網代漁場、すなわち「はこ嶋ノされ王子」以下、九カ所の王子が祀

られる小島や、「宮ノ王子」「市木ざき前」などの大辺路＝海岸沿いの岸に近い場所に、王子の祭祀場があった。そこはまた、当時、かます（魳）・あじ（鯵）・むろ（室鯵の意か）・むつ（鯥）などの豊富な漁獲場であったという。そのため、これらの漁場がある古泊浦の「網十六状」を、近隣の浦の漁民が「引申事迷惑仕候」という内容の訴訟を、同浦庄屋吉太夫と頭百姓の利座衛門、吉太郎の三名が、木本組大庄屋の喜田作治兵衛に訴えたものである。近世前期の熊野の一漁村に、このような十一カ所の王子の存在が認められるのは、文献史料としてもたいへん貴重であろう。

しかも右の王子のなかには「一　大はんにゃ前」（大般若鼻、俗称「だいはな」という）の一条文があり、近世後期の地誌『紀伊続風土記』（牟婁郡有馬村の項）にも、「花（の）窟を般若の窟と称す」と記していた。それはすでに述べた「花の窟」王子の転化であり、現在でも地元では、王子の窟をさすという信仰を伝えている。つまり「花の窟」を王子として信仰しているのは、熊野灘から太平洋沖に存在した信仰形態である「海洋他界」から、「帰《よ》りくる神」（死者霊・先祖霊）が海中の島を通って帰ってくる、海岸の陸上拝所の聖地であった。そこは本来、海中から「帰りくる神」が陸上の遥拝所に去来した信仰伝承を表わし、その聖地で古代信仰である王子神が祭祀された一例である。

海中の王子の重要性

さらに右の史料で注意されるのは、「はこ嶋ノされおうし」や「中ノ岩ノおうし」などが、熊野灘の海中の小島に祭祀された王子であったことで、平成十六（二〇〇四）年七月の現地調査で、この二つの小島の場所について、当域の海岸の地図を参照して、地元の漁師から筆者は確認している。つまり海中の小島に祭祀された二王子は、文献史料や記録などにみえず不明であるが、いずれも豊漁をもたらす漁場であるとの伝承を聞き書きしている。これは熊野灘の小島に祀られる王子（王子神）が、本来は豊漁の神であり、それは海神であったという伝承をものがたるのである。

右の事例は、先に述べた古代熊野の「花の窟」と「わうじ（王子）の岩屋」などの辺路信仰と王子信仰が、時間をこえて熊野の漁民に継承されて、漁民の信仰あるいは宗教民俗として近世初期まで展開したことをものがたっている。日本人の民俗信仰の歴史性と伝承性をよく示す一例である。したがって熊野灘の海岸沿いにある「王子」や、海中の小島に祀られる「王子神」は、中世には熊野「中辺路」に多くみられる「御子神」説の理解とは異なり、古代紀伊半島の海岸を廻る山岳海辺修行者が、海のかなたの「常世」（死者の霊の往く世界）を遥拝する信仰対象であったとしなければならない。これはすでに述べたとおり、古代日本人の霊魂観・他界観・去来観・神観念の表出によっている。そしてこの霊魂観・他界観・去来観・神観念に対応して、海中の小島や磯、あるいは海辺の大辺路にある巌・洞窟・岩屋とともに、海辺の古道である辺路に祀られた王子などは、海岸の民の海洋（海上）への水葬儀礼をふまえて、死者霊が往く海洋他界・海上他界の理想郷（「常世」）へ通う路である。前者が「山岳宗教」論で説明すれば、後者は「常世」から岸に向かって島々を渡って去来する、死者霊・先祖霊を遥拝する「海洋宗教」の聖地であったといえよう。

海洋宗教と補陀落渡海

ここでいう「海洋宗教」とは、四方を海に囲まれた国「日本人の海の生活に根ざした宗教全般」をさす、と規定されるものである。この海洋宗教は、今日「忘れられた宗教」として日本歴史のうえから姿を消してしまっている。

ところで「観音大悲は船筏　補陀落海にぞ泛べたる　善根求むる人し有らば　乗せて渡さむ極楽へ」とあるのは、すでに述べた『梁塵秘抄』巻第二「仏歌」に載せる「補陀落渡海」の歌である。平安中期から後期の観音信仰にもとづき、海のかなたに補陀落世界・観音浄土があると信じられ、そこへ渡るための「捨身行」という宗教的実践行であることを示している。

写真12　那智補陀洛山寺（天台宗、本尊十一面観音立像）

平安時代の熊野には、那智沖から熊野灘・太平洋に向かって、渡海船で渡海した記事が三回みえるが、その全盛期は中世から戦国期にかけてである（『那智山書上ケ帳』『本願中出入証跡之写』）。そして近世になると、ふたたびこの実践行の基底にある水葬儀礼となることは、この宗教儀礼を持ち続けてきた霊場・那智補陀洛山寺（天台宗、本尊十一面観音）の住職を生きた躰にし、熊野灘から太平洋につづくかなたに水葬する葬送習俗と、それに続く葬墓習俗（近世には、この一連の宗教儀礼を「補陀落渡海」と称した）が存在したことからも知ることができる。同寺では、この習俗が近世中期まで継続されたことが文献から知られるが、今は「忘れられた歴史と宗教」

の一例である。近年、根井浄氏が『補陀落渡海史』（法蔵館）で、その歴史と宗教儀礼・美術などを明らかにされたのは、研究を進展させる上で大きな意義をもっている。

このような補陀落渡海史の研究から理解されるように、紀伊熊野の「辺路と王子」は、すでに「忘れられた歴史と宗教」の一例である。この海洋宗教（海の宗教）の実相の把握から、中世にさかえた中辺路とともに、紀伊熊野の「辺路と王子」を再検討して、この問題の歴史と宗教に迫る上で大辺路は必要であったのである。

第四節　熊野川以東の大辺路と王子

聖地の王子史料と辺路修行

右に述べた熊野川以東の大辺路の存在とそのコース、および海洋への遥拝とその信仰をしめす「王子」について、さらに検討してみよう。

まず、前節で述べた熊野川以東の大辺路の存在とそのコースについては、これまで近世の文献をふまえて、熊野地域の東南部に位置する紀伊田辺（現和歌山県田辺市）から以東の那智勝浦（現勝浦町）、または新宮（現新宮市）までと規定されている。しかしこの一般論に対して、

写真 13　大峯山の西の覗き（捨身行）（五来重『新版山の宗教＝修験道』〈淡交社〉より転載）

今日の山岳宗教史・海洋宗教史の研究成果を吸収する日本修験道史は、すでに奈良時代以前から「山岳海辺修行者」の辺路修行があり、熊野那智を含む紀伊半島の海辺の小島、岬、巌などを「めぐり行道」しながら、「伊勢・志摩・紀伊から和泉」にいたるコースをめぐったと推論している。そこで、この壮大な辺路論について検討してみよう。

すでに熊野の山岳海辺修行者による、大辺路に分布する海洋宗教の聖地＝王子をめぐる辺路修行は、奈良時代の仏教説話集『日本霊異記』（下巻第一話）に、「紀伊国牟婁郡熊野村」で活躍していた永興禅師と同行の禅師の伝承がある。それによると、法華持経者であった永興（奈良時代の十禅師の一人）のところにきた一禅師は、「巌に懸り身を捉えて死ぬ」という「捨身行」を実践していた。しかも当初、この一禅師は熊野から伊勢の方へ越えて行きたいといったという。これは紀伊半島南部の海岸の道、すなわち西の「紀伊路」（『梁塵秘抄』）とは異なり、東の「伊勢路」に連なる大辺路を通って伊勢国に行くコースをさしていたらしい。このことから永興禅師とおなじ法華経修行の実践者であった一禅師は、また大辺路の海辺の岬・島・巌などを巡る辺路修行者（＝初期修験道の実践者）であったと推定されるであろう。

さらに紀伊海岸の辺路を説明する史料には、平安中期の増基法師の紀行文『いほぬし』（巻第三百二十七）があることを、すでに第一節に述べた。「はなのいはや」（花の窟）とそのかたわらにあった「わうじのいはや」（王子の岩屋）である。現在、王子の岩屋は王子の初見史料であるが、これもまた、「伊勢熊野同体」の信仰が伊勢から熊野へ参詣する古道、つまり古代末から中世における大辺路に連なる「伊勢路」を開いたものと推測される。

磯の辺路

時代は少し下がるが、元久二年（一二〇五）成立の『新古今和歌集』にみえる行尊の歌に、「いそ（磯）のへち（辺路）の方に修行し侍るに……」とある。十三世紀初期ごろにも、後述する行尊のような熊野系の山伏が、山岳海辺修行者のように「磯の辺路」を廻り、遊行しながら苦行をおこなっていた。これも大辺路をさすと考えられるが、もしかすると中辺路の行場である「切り目王子」や「岩代王子」など、海岸を通る辺路をさしたのかもしれない。

このほか同時期の歌に、「散る花や　磯のへちふむ山伏の　苔の衣はうはぎなるらむ」とあるのは、当時、山伏が大辺路を通って辺路修行を実践していたことをものがたっている。これもおそらく、熊野系の山岳海辺修行者の修行形態と考えてよいであろう。

以上は新宮の熊野川以東の大辺路とその修行のあり方を古典史料や歌謡から取りあげた。それは歴史的によく知られる院政期以降に、山中の古道、つまり「中辺路」とその古道に発生する「九十九王子」成立以前に、熊野川以東に存在した海岸の王子を廻る辺路修行＝山岳海辺修行が存在したことを述べるためであった。では大辺路の辺路修行とは、どのような内容であったのだろうか。

大辺路の辺路修行の内容

前節でもふれたが、古代から中世における大辺路の辺路修行は、熊野灘の海中の小島や磯、岩、さらには大辺路の窟など王子をめぐる行道修行や礼拝をとおして、海洋宗教の聖地で聖火を焚き、海神、龍宮、補陀落などを崇拝（遥拝）することであった。つまり海洋宗教の聖地や王子から、海のかなたにあると信じられた「常世」の理想郷を遥拝し、また「常世」から恩寵（幸せ、のちの「福の神信仰」）の性格を有する「帰《よ》り来る神」（＝先祖霊）が、小島や磯、岩などを通って、海岸の王子神を祭祀する神聖な洞窟や窟などに去来する信仰であったと理解される。

このような理解で、私は先に述べた熊野有馬に聳える「花の窟」と、そのかたわらにあった「わうじのいわや」（王子の岩屋）は、古代の洞窟信仰や海洋他界の常世信仰と辺路信仰が複合した、聖地の一例と把握したのである。

もっとも前記『いほぬし』には、増基法師が訪れた平安中期ごろの花の窟に経塚が築かれて、卒塔婆供養がおこなわれる墓所と記されていた。しかも、この経塚こそが、辺路修行者の「行道」がおこなわれた聖地でもあった。つまり古代から中世の辺路修行者が、経塚や本尊のある場所を「めぐり行道」した例は、多くの山岳や岩屋などに事例があったと思われる。その一例は、平安末期ごろに、西讃岐の一霊場である山中に経塚があり、西行が「めぐり行道」をおこなった記載がみられるのは注意される。

そこで次節では、「我拝師山」（現香川県善通寺市吉原町）にある辺路修行の場である「行道所」と、そこでの苦行などに注目して、その様相をみてみよう。

第五節　諸国の行道所――三例

歌集『山家集』に見える行道所――我拝師山の行道どころ

歌集『山家集　雑』（『和歌文学大系二一「山家集・聞書集・残集」』所収）は、西行（元永元〈一一一八〉～建久元〈一一九〇〉）の旅の歌などを収めたもので、『西行上人集』ともいわれる。平安後期の歌人であり、また聖《ひじり》宗教者でもある西行が、四国霊場第七十五番札所、善通寺の背後に聳える我拝師《がはいし》山（四八二メートル、現七十二番曼荼羅寺と七十三番出釈迦寺の両札所寺院の奥の院）を登山して、行道したことが記されている。そのことを記す「詞書」には、我拝師山が「曼荼羅寺の行道どころ」とみえている。

> 大師の御経書きて（うづ（埋）ませ欠カ）おはしましたる山の峯なり、坊（朴）の外（卒塔婆）一丈ばかりなる壇築きて建てられたり、それへ日ごとに登らせおはしましして、行道しおはしましけると、申伝えたり、めぐり行道すべきやうに、だん（壇）も二重につき（築）まはされたり、のぼるほどのあやふさ、ことに大事なり、かまへてはひ（這）まはりつきて、
>
> 廻りあはむ　ことの契ぞ　たのもしき
> きしき山の　ちかひ見るにも

ここには、弘法大師空海が「御経」を書いて納めた山であること、しかも青年時代の弘法大師は、この山で日ごとに「めぐり行道」を実践していたことが記されているのは注意してよい。その背景には、大師が七歳の時、わが師釈迦如来に逢おうとして、この山の「捨身ケ嶽」から身を投げたという伝承は興味ぶかい。『弘法大師伝絵巻』（巻二）には、「上は大師の御師にあ

写真14　我拝師山から西の中山に続く途中にある捨身ヶ嶽禅定の山門
（『週刊四国八十八ヵ所遍路の旅２』〈講談社〉より転載）

ひ参らせおはしましたる峯なり」とある。すなわち大師が「捨身行」をおこない、御師釈迦如来に救われて、逢うことができたので、この山を我拝師山といったらしい。事実、山の下をのぞくとまさしく垂直の断崖であり、谷をのぞむ修験・山伏の決死の捨身行がおこなわれたと思われる。

西行が弘法大師を慕って、実際に我拝師山に登山して行道修行をおこなったために、その名ができたのであろう。そうするとこの山に「めぐり行道」の行場が設けられ、青年空海が捨身行をおこなったために、「捨身ケ嶽」の行道名ができたと推定できる。それは辺路修行の一形態であった。

美作後山の東西両行場の覗き修行

またすでにふれたが、山岳宗教、修験道では、捨身行は滅罪行といわれ、自己の犯した罪・穢れをもつ肉体を捨て、「成仏した精神が永遠に生き、無限の衆生」を済度するための実践行であった。これが伝承化されて右の「大師伝」の一節を生んだが、このような捨身行の実践については、古代以来、大和の吉野修験が金峯山《きんぷせん》において、たいへんきびしい四季の入峯《にゅうぶ》修行をおこなったことがよく知られている。このような決死の入峯修行は、中・近世の「修験道史料集」（『山岳宗教史研究叢書』一七・一八所収）にも多く記されている。

その霊場のひとつは、美作北東部に位置し、播磨・因幡の二国に隣接する後山（現岡山県美作市後山）である。後山は中世後期には美作の国峯《くにみね》であったが、近世中期ごろになると、「西大峯」と伝承されていた。後山の「東西両行場」に吉野の金峯山にある東の覗き・西の覗きという行場があり、かつては吉野の金峯山で捨身行をおこなっていたのと同じ行場が設けられていた（文化七年『西大峯由来縁起』）ことによる。それは元文年間（一七三六〜四一）ごろから、「大峯山上の地名を粉して年々に賑参することになれり」と、美作の著名な地誌『東作誌』に記されている。

また同国のおなじ近世の地誌『美作鏡抄』（吉野郡の項）にも、「往古大峯退転のころ、近国の

写真15　後山奥の院の大柴燈護摩法要（『山陽カラーシリーズ20　那岐・後山』〈山陽新聞社〉より転載）

山伏仮みねと称して参り、七月十八日、八月十五日参詣多し（後略）」とみえている。これは近世中期ごろ、大峯修験道信仰の伝播が後山にもあり、具体的には、吉野大峯山の蔵王権現信仰や役行者信仰、および大峯山の東西行場が後山に移されて、大峯山の「仮みね」という信仰の山になったことから理解される。

これは大峯信仰＝役行者信仰や蔵王権現信仰とともに、大峯山の東西両行場の移植によって、美作の後山に登拝すれば、大峯山に参詣したことと同じ功徳があるという、後山信仰の近世的表出である（豊島修『熊野信仰と修験道』一九九〇年）。そして、後山は「西大峯」と伝承され、美作修験や近隣諸国の里山伏たちが夏峯修行の一環として、山頂にある奥の院の東西両行場をめぐる「めぐり行道」が実践されたのである。

後山の「垢離取り場」と東西の「覗き行場」

私も四〇年ほど前、後山の修験道行場とその信仰内容の調査のために、麓の道仙寺（真言宗、醍醐寺三宝院末）に参上して、当時の林光月ご住職から丁寧なご指導を賜わり、後山の奥の院に登拝したことがある。それは事前に近世美作の地誌史料をふまえた登拝であった。

まず後山の三合目には「垢離取り場」があり、それを「女人堂」といった。この女人堂は山上の奥の院に登拝する男女が潔斎し、女性はここまでしか登山できなかったことを記憶している。その後、私は山頂の奥の院に登った。そこに奥の院をはさむ東西両行場があった。この両行場は、「後山縁起」などの諸史料から知っていたが、その実相をめぐるために、近隣の兵庫県宍粟郡に住む後山の里山伏から多くの有益な教示を得た。後山の奥の院にある東西両行場は、吉野の大峯山に設けられていた行場を、近世中期ごろ大峯信仰（蔵王権現信仰や役行者信仰など）の流布・浸透によって勧請された歴史がある。そのなかで東西の「覗き行場」は大変関心があったが、私が参加した時には、いずれも危険な状態になっているといわれ、今日も許可されていない。

以上、管見した諸地域の霊山・霊場における「めぐり行道」の事例を述べた。しかし、このようなめぐり行道の実態は、さらに史料や遺物・伝承を注意ぶかく調査研究すれば、数多く見出すことが可能である。

伊吹山の行道所と円空

そのほか美濃・近江両国にまたがる山岳霊場の伊吹山は、平安時代には「七高山」のひとつで、平安初期に国家的な祈禱を依頼された名誉ある山であった。そのため、これらの祈禱者は

「七高山阿闍梨」という称号をゆるされた。この阿闍梨になるための修行として、伊吹山では「行道岩」の実践行があり、伊吹修験の入峯修行は、複数の行道岩をつぎつぎと巡り行道修行することが指摘されている。

この行道岩の伝承が近世まで知られていたことは、同国の地誌『近江與地史略』「伊吹山」の項に、「行道岩　山の西面に登ること五十町余にあり、高さ五丈余（一七メートル）、一囲十町計りの大磐石也。三銖（三修）沙門この石の上にて、昼夜禅行導をなす。爾来行道岩と号す」とあることからも知られる。しかし一囲《ひとめぐり》、つまり行道岩を一巡するのに十町ばかりとあるのは、大げさな伝承であろう。さらに同地誌に「禅行道」とあるのは、「禅定行道」の意である。すなわち岩の上で座禅をしたり、めぐり行道を繰り返す意味である。それは平安初期以来、伊吹修験の入峯修行の実践行を伝承しているもので、鎌倉仏教としての禅宗をさすものではないことに注意したい。

しかも近世初期「円空仏」の彫刻で知られる円空（一六三二〜九五）は、この山で行道修行をしていた。のちに円空が北海道の洞爺湖中島にある観音堂で、彫刻した観音像の背面に、

江州伊吹山平等岩僧内

寛文六年丙午　　七月廿八日
始山登　　円空（花押）

と記されている。すなわち伊吹山の行道修行を終えた者は、「行道岩僧」と呼ばれたことが知られよう。しかも「平等岩」というのは訛った言い方であり、正しくは「行道岩」であったことが、元録七年刊の『修験峰中秘伝』に「行道石」とあることからも確認できる。つまり円空は、寛文四年（一六六四）か翌五年に伊吹山行道岩の修行をしたと思われる。

このような不思議な岩が山岳霊場にあるのは、本来「神霊の籠れる岩」と見立てたこと、しかもそうした岩に、山伏は「最高の敬意をあらわす」ために行道をおこなったのである。それほどこの修行は山伏にとって誇り高いものであり、神聖な修行であった。

さらに右の資料は、修験道史研究に貴重な資料を提供している。というのは円空が伊吹山で行道修行を実践したのは「七月廿八日」とあり、この日付から四季の峯入修行において、「一夏九旬」という夏の峯入り修行の九十日の修行であったことがわかる。円空にとって「伊吹山平等岩僧」の称号があったからこそ、のちに奥州から北海道への長い旅にでたその生涯において、生活面や経済面で多くの便宜がもたらされたのであろう。さらにいえば「円空仏」という円空芸術を生むひとつの転機ともなった、といわれるのである。

ともあれ遊行や巡礼の原点は、「聖なる物や山をめぐる」ことにあるといわれ、その代表例が「めぐり修行」であった。古代から中世にこの「めぐり行道修行」を実践したのは、先に述べた「山岳海辺宗教者」であったが、この苦行修行の時代は時間を越えて継続され、近世前期にも、円空のような真摯な行道修行者に受け継がれたのである。

第六節　大辺路コースと葛城二十八宿

葛城修験の入峯修行の聖地

辺路修行としての「めぐり行道」が、山岳のほか、海中の小島や、海に面した巌・岩屋などをも廻ることは、すでに述べた。そして後者の海辺に近いめぐり行道の中心に、本尊や経典を写経して埋納し、盛り土をした「経塚」があったことは注意しなければならない。その典型的な例は、古い歴史をもつ紀伊・大坂に跨る山地を修行の場とする葛城修験道である。葛城修験の実践行は、経塚を埋めた聖地を行場＝「宿《しゅく》」として、その経塚の周囲を「めぐる」のが特徴である。その行場である「二十八宿行場」は、古代の紀伊山地にあった辺路修行とつよい関わ

写真16　犬鳴山の表行場口（中野榮治『葛城峰と修験の道』〈ナカニシヤ出版〉より転載）

りをもっていたらしい。

そのため葛城修験の聖地における入峯修行の実相については、早くから修験道史研究者にとって重要視されてきた。しかし古代から中世の入峯修行について、いまだ十分な史料と研究がみられないのは残念である。もっとも、既述した紀伊山地の大辺路コースが「東からの紀伊辺路の終点」であり、それはさらに葛城修験の「峯路の出発点」であったと指摘されている。つまり葛城修験の「一宿」行場と推定されているのは、往時の入峯修行の一聖地として重要である。

宗教民俗学の立場による修験道史研究の成果によって、葛城修験の「峯路の出発点」である「一宿」は、諸史料から二説が考えられる。まずひとつは、鎌倉初期あるいはそれ以前の成立という『諸山縁起』（『日本思想大系』二〇所収）「天法輪山」の項（「宿の次第」）に、「二、伽陀寺」とあり、「今の八幡これなり」という場所である。

もうひとつは、「一の宿」を和歌の浦の「友ケ島」とする。これはもちろん経塚を埋納した最初の聖地を「一宿」としているからである。ちなみに近世後期の『葛嶺雑記』の史料には、友ケ島の「序品窟」を葛城二十八宿の第一宿としている。同宿については歴史的変遷があり、そのためどちらが正しいかは判断に苦しむ。しかしどちらも、紀伊の辺路＝大辺路の終点にふさわしい聖地である。そこを葛城修験の入峯修行の出発点とする推論には私も賛同したい。

以上のように、紀伊半島の大辺路コースが、伽陀寺あるいはのちの友ケ島を拠点として、南下する海岸の路（道）を通り、南紀田辺から那智、新宮を通過点とし、さらに熊野側以東の三重県熊野市・尾鷲市周辺から、伊勢までおよぶ壮大な仮説は、大変魅力的である。その背景には、平安後期から鎌倉末期まで修験道界を制覇したという仮説によって、吉野大峯・熊野修験道とともに、紀伊山地のもうひとつの修験道の雄、葛城修験の入峯修行の実態があった。それはまた、葛城修験の行場（一の宿）と、海の王子（神）信仰の習合による「大辺路と峯路の接点」と理解されたのであろう。

写真17　友ヶ島の閼伽井

第四章　古代・中世の熊野三山信仰と修験道

第一節　初期熊野修験道の成立

永興禅師と「奈智山」

七世紀後期ごろ、鎮護国家の性格をつよく示す仏教の展開によって、畿内の官寺・氏寺から離れた僧や禅師などは、吉野大峯山、葛城山で山岳修行を実践した。そしてその南に位置する熊野でも、山岳修行とともに、第一章で述べた海洋宗教の山岳辺路修行者の活動がみられた。

後者の例として、紀伊国「熊野村」の海辺でよく教化したという永興禅師の存在と、永興の元にきた辺路修行者の修行形態、すなわち「捨身行」があったことは、既述したとおりである。

さらに少し遅れた時代に活躍したのが、熊野「奈智山」の法華持経者である。『日本霊異記』

や平安中期の仏教説話集『本朝法華験記』（上巻、比叡山首楞厳院・横川の僧鎮源編）によれば、奈良時代から平安時代初期ごろの熊野「奈智山」が注目されている。

古代の奈智山とは

「奈智山」のことは、『日本霊異記』と『本朝法華験記』（上巻）にしか記されていないので、文献史料として何よりも重要視しなければならない。というのは現在の那智大社の奥の院にあたる「妙法山」（標高七四九メートル）をさしていると考えられるからである。しかも妙法山山頂には、滅罪修行の極致といわれる焼身をおこない、諸仏に供養した「応照」の実践行が伝えられていた。それは「火定《かじょう》」という苦行にあらわされており、その「火定跡」が現在も奥の院の参道脇に残されている（写真18参照）。応照は奈良時代の「熊野村」における初期熊野修験道の祖と推定される、永興禅師の宗教活動の延長線上に連なる法華経修行者である。あわせて「奈智山」奥の院の本尊が元は釈迦如来立像であった。これが古代の熊野修験道の本尊であったことと深い関係があろう。

これらの理由から、熊野三山のなかでも「奈智山」（＝妙法山）が海洋宗教の辺路修行者が集まる拠点と推定される。私がこの「奈智山」を初期熊野修験道の本拠の霊山と推測する由縁

写真 18　妙法山阿弥陀寺にある応照の火定跡

写真 19　妙法山阿弥陀寺と死者霊が撞くという一つ鐘（正面手前左側の堂）

である。

紀行文『いほぬし』と熊野本宮

海の熊野がこのように理解されると、つぎに「山の熊野」本宮はどうであったのだろうか。まず本宮の祭神に注意してみよう。天平神護二年（七六六）、「熊野家津御子神」と熊野新宮の祭神「速玉神」に、それぞれ四戸の封戸があたえられている（「新抄格勅符抄」所収の大同元年〈八〇六〉文書）。熊野本宮と新宮の神の初見史料であるが、この記載をどう理解するかが問題である。

すでに述べたが、従来の解釈では、古代法制史料には那智の神がみられないとして、熊野二神説を通説としてきた。しかし那智神の記載を平安末期の『扶桑略記』（永保二年〈一〇八二〉十月十七日条）まで待たねばならないとする説には、熊野修験道史研究の立場からは賛同できない。この問題について、近年、小山靖憲氏が永観二年（九八四）の『三宝絵詞』（「法華八講会」の項）にみえる内容を提示して、十世紀後期までに熊野三山制が成立していたことを指摘されたのは注意しなければならない。すなわち「紀伊国牟婁郡ニ神イマス。熊野両所、証誠一所とナヅケタテマツレリ。両所ハ母と娘ト也。結、早玉ト申」という内容である。小山氏の指摘によれば、定説であった永保三年以前の熊野伝承を伝える『熊野本宮別当三綱大衆等解』(『熊野御幸略記』所引)などの記載と対比すると、『三宝絵詞』の内容は、少なくとも九九年早いことになる。

これによって私のいう海洋宗教(海の信仰)の神である「熊野両所」、つまり熊野新宮と那智の神を一所に祀り、それとは別に、平安中期には山岳宗教(山の信仰)である熊野本宮の祭神、毛津御子大神の本地仏(阿弥陀如来)を「証誠殿」に祀って成立していたことが理解できる。この歴史事実を新たに提示された『三宝絵詞』の記載は裏づけていたことになる。しかも「熊野両所」への信仰は、平安末期成立という「熊野権現御垂迹縁起」に継承されていたことが重要である。これはおそらく、熊野三山の修験山伏に伝承されてきた信仰であったからであろう。

山の熊野・本宮の聖地化

もっとも山の熊野=本宮の様相については、第三章で述べた『いほぬし』の記述によって、平安中期の本宮には二、三百もの庵室があり、礼堂(拝殿)では「例時作法」や霜月の「御八講」などの仏事が営まれていた。いわば、きびしい山岳修行の道をもとめる修験集団のあつまる聖地になっていた。その背景として、十世紀後半から十一世紀初期にかけて、熊野と吉野を結ぶ「大峯修行路」が成立ないしは整備されていたことが重要である。このことが熊野三山のなかで、本宮を山岳修行者の「聖所」とした大きな要因である。それは、沙門長円が「熊野山より大峰にはいりて、金峰山に参いるに」と、先述の『本朝法華験記』にみえることで裏づけられている。これをふまえて、熊野から吉野大峯山にいたる七十五の宿を抖擻する山伏・修験の苦行、すなわち平安中期の成立とみられる「順峯」「逆峯」の修行がおこなわれたのである。

つまり紀伊山地の地理的状況をふまえて、吉野大峯と連携をもった熊野三山、そのなかでも本宮が「聖所」＝その中心は「証誠殿」となった。すなわち神仏習合によって、本地仏の阿弥陀如来が「証誠殿」に安置され、三山の中心的霊場として発展するのである。それはまた、すでに述べた古代熊野の那智・新宮の海洋宗教（辺路信仰・王子信仰をもった山岳海辺修行者）が、平安中期以降に熊野本宮に吸収されて、「熊野三山信仰」（熊野三山詣）に移行することでもある。さらに熊野修験道の変遷からいえば、初期熊野修験道から盛期熊野修験道に組織化される段階に入ったことを示している。

第二節　熊野三山の成立と末法思想

熊野三山の成立

歴史上の熊野御幸は、藤原氏による摂関期にはじまった。しかし熊野御幸に先行する熊野三山成立の問題、つまり三山の御祭神を相互に祀り、本地仏をあてる形態は、遅くとも十一世紀末ごろの記録にみえている。たとえば白河院政期の参議大蔵卿藤原為房の日記、『為房卿記』永保元年（一〇八一）十月五日条には、熊野本宮に参詣した藤原為房が「三所の御殿」に幡・花蔓代を供奉している。

さらに上皇や権門貴族層の参詣にかかわる史料として重要視される永保三年九月四日付「熊野本宮別当大衆等解」にも、「三所権現の護持」という言葉が記されている。少なくとも十一世紀末には、熊野本宮に新宮・那智をふくむ三神を祀っていたことが理解されるが、前節で紹介したように、もう少し早い時代に三山の祭神と本地仏が設定されていたことは、小山靖憲氏の説によっても知ることができる。この新説は、これらの文献史料のみならず、中世の絵画史料によっても裏づけられる。ひとつは「熊野宮曼荼羅」（クリーブランド美術館蔵）であり、もう一つは『一遍聖絵』に描かれた三山の社殿構成が、三神一体の状況を示しているという。

このような院政期の仏教説話集や公卿日記、あるいは熊野本宮の「物語的縁起」と中世の絵画史料などから、熊野三山の成立は十世紀後半という新見解を認めなければならない時代にきている。

末法思想と紀伊山地の「浄土信仰」

ところで、上皇・女院の熊野参詣が起こる十世紀末から十一世紀中ごろは、思想的には末法の危機意識が深まり、死後極楽浄土に往生することを願う浄土教の教えが、時の権力者や貴族層を中心に広まるのである。いわゆる浄土思想の展開である。この宗教意識や思想・信仰の流れは、紀伊山地の霊場、たとえば熊野三山のほか、嶺北の高野山にも「仏・菩薩の浄土」が想定され、霊場信仰をさらに高揚させたのである。それは死後の世界に「極楽浄土」があると説くこれまでの仏教思想の存在に対して、「極楽浄土」はこの世にあると説く修験道信仰の発露である。この修験道信仰の表出は、従来の研究ではほとんど指摘されなかった。しかし仏教と修験道では極楽の世界を来世にもとめるのか、あるいは現世におくのかという大きな違いがあることに注意したい。

今その具体例を、吉野の大峯山に求めてみよう。

金峯山浄土

まず紀伊山地の最北部に位置し、「金峯山浄土」となった吉野大峯は、守護仏の弥勒信仰の高揚にともない、弥勒菩薩所在の「兜率内院」に擬せられるのである。十一世紀初期成立の『源氏物語』(「夕顔の巻」)には、「御岳精進にやあらん、南無当来導師とぞ拝むなる」と記され、吉野の大峯山は法皇・公卿がさかんに「御岳詣」をおこなう霊場となった。その目的は何であったのだろうか。それは自己の犯した罪穢を滅罪し、そののち極楽往生を願うのである。その遺物の典型が藤原道真の「金峯山山頂納経願文」(経筒銘文)であることは、人のよく知るところである。

熊野本宮の「証誠殿」と補陀落渡海信仰

さらに紀伊山地の最南端に位置する熊野三山も、先の吉野大峯の霊場とおなじく、この時期に、滅罪による浄土往生信仰が展開する。とくに熊野本宮「証誠殿」は阿弥陀の浄土に擬せられ、死後の救済と現世の安楽(「現当二世」)を約束してもらう信仰がつよい。その前提には、右に述べた滅罪が要求され、自ら徒歩で熊野本宮に参詣する難行苦行が課せられた。また那智と新宮は、いずれも海洋他界の常世信仰が仏教と習合して、観音信仰と薬師信仰の聖地になった。

このような紀伊山中に「浄土の世界」を想定する熊野信仰の表出のみならず、那智山の海のかなたに観音の「補陀落浄土」が想定され、那智の海岸から補陀落往生・観音浄土を願う渡海僧が、熊野灘から太平洋をめざして船出を試みた。いわゆる補陀落渡海の実践行である。すでに前節で述べたが、記録によると、那智には平安中期から補陀落渡海と補陀落信仰が伝えられており、さらに那智の補陀落山寺（現那智勝浦町）では、近世中期まで補陀落渡海をおこなった渡海僧や同寺住職の記事がみられる（豊島『死の国・熊野——日本人の聖地信仰』、根井浄『補陀落渡海史』）。

その背景には熊野那智山の歴史的景観、すなわち深い山々と、熊野灘と太平洋に近接した地域であること、さらに那智神社の本地仏千手観音の居処としての補陀落浄土が、那智山の海のかなたに想定されていたことなどが考えられる。おなじ紀伊山中の北部に聳える高野山でも、聖たちが「諸仏の浄土」を唱えはじめ、さらに無空律師以下深覚僧正など歴代座主も極楽浄土の信仰をいだいていたことが、『高野山往生伝』をふくむ各種の『往生伝』、『高野春秋』などにみえている。そして高野山は「弥陀の極楽浄土」、あるいは「弥勒の浄土」として信仰されていた。

第三節　熊野御幸の経路と様相

院政期の熊野御幸

ところで十一世紀初期以降になると、祈願者（立願者）が直接紀伊山地の霊場へ参詣する宗教現象がみられるようになった。それは参詣者自らが病気平癒などの宗教的利益を、熊野三山に参詣して得ようと意図したことから起こった宗教現象である。その代表例が熊野御幸、すなわち天皇や院の熊野参詣であった。初期の熊野御幸の特色は、時の権力者である天皇が吉野大峯や高野山参詣と同様、熊野三山のうち本宮神社に参詣するのが例であった。しかしその後は熊野三山巡りの信仰となり、本宮・新宮・那智の三山に対する上皇の参詣は、十三世紀初期までに一〇〇回が数えられている。

院政期の上皇による大規模な熊野御幸は、先にふれた公卿の日記や諸記録に散見される。その様相については、まずきびしい精進潔斎が課せられていた。京都を出発する前に、陰陽師が定めた一定の期間「精進屋」で参籠し、前行として心身を清める。この「熊野精進《そうじ》」が終わると、いよいよ「紀伊路」コースを通って熊野三山に参詣する旅となる。そのコースとは、船で淀川を下り、大坂を経て紀伊半島西岸沿いに和泉・紀伊国と南下する。そして現和歌山市から海岸沿いの「大辺路」を下り、海や川で潔斎しながら、田辺から熊野参詣道の「中辺路」に入って、本宮に到着すると、本宮の社殿そのほかを「宮巡り」するのが慣礼であった。

右に述べたが、初期の熊野御幸は本宮参詣後、同じ道を通って京都に帰洛した。しかし、しだいに熊野本宮から熊野川を船で下り、新宮速玉神社・那智神社を参詣して、ふたたび本宮神社に戻るようになった。あとは同じ経路で帰洛するが、その行程はおよそ一カ月近くを要していた。

熊野御幸と「五体王子」の苦行

つぎに熊野御幸の苦行形態に注目すると、まず熊野御幸は徒歩が原則であることが重要である。そのため院政期から鎌倉初期の御幸は「中辺路」を通って、本宮に向かった。そして「中辺路」に設けられていた五つの熊野王子社が宗教的権威をもつようになった。この五つの熊野王子社というのは、「五体王子」（藤代王子・切目王子・稲葉根王子・滝後王子・発心門王子）と

写真20　稲葉根王子（五体王子の一つ）

称されていた。この五体王子社については、たとえば『後鳥羽院熊野御幸記』に、稲葉根王子を「此王子准五体王子、毎事過差云々、御幸之儀同五体王子云々」と述べている。すなわち王子とは五体王子に準じて、事ごとに華やかであり、御幸の儀礼（式）などは五体王子と同じであると記されていた。上皇や公卿の休息所としての機能を有していたほか、和歌を詠んだり、種々の宗教儀礼や芸能者による芸能の奉納などがおこなわれた。

さらに熊野参詣の途中、すでにふれたように海（塩水）や河川で垢離《こり》取りを重ねるなど、その宗教的様相は過酷な内容が課せられている。いずれも熊野の神仏（権現や本地仏）の功徳を獲得するための苦行であり、それによってわが身の肉体的苦痛を贖《あがな》う、当時の滅罪信仰が身分や階級を越えて、熊野参詣者（熊野道者）に共通した論理であったことは、かつて述べたところである。すでに十二世紀後期の後白河法皇撰『梁塵秘抄』に、「熊野へ参らむと　思へども　徒歩より参れば　道遠し　すぐれて山きびし　馬にて参れば　苦行ならず」と謡われたのは、よく知られている。当時の民衆の熊野信仰に一貫して流れる「苦行の論理」とは、このような内容であったことが重要である。

熊野先達と熊野御師の連携

こうした熊野参詣の道案内は、山岳修行の度数を重ねた熊野修験が担当した。彼らは熊野先達として諸地域から道案内をおこない、参詣途中の霊場や王子社で宗教儀礼の実践を指導した。中央の都市のみならず、諸国の小都市や村落を生活空間とする熊野先達と、熊野三山に居住する熊野御師の緊密な関係が、中世の熊野信仰を諸国に伝播・浸透させた大きな要因である。それがまた、熊野修験道の隆盛につながる重要な要素であったと思われる。参考のために小山靖憲氏の『熊野古道』によって、熊野御幸の人数にふれると、熊野先達を先頭に上皇に従う貴族や護衛の武士、あるいは熊野御幸に必要な物資を運搬する多くの民衆が随伴した。およそ一行の人数は、上皇を中心に二〇〇～三〇〇人にも達したらしい。

熊野御幸の整備と経済

このような大規模な霊場参詣の前提として、熊野三山のみならず、先にふれた大峯山や高野山には、万全な受け入れ体制ができていたことを確認しなければならない。すなわち受け入れの施設（社殿・堂社・宿舎など）や、山岳霊場を構成する主要な建物群の整備・固定と、参詣道の成立・展開の問題の存在である。さらに熊野三山の参詣道については、すでに述べた「伊勢路」のほか、院政期から中世にかけて勧請・整備された「中辺路」の存在が、歴史の問題としてこれまで研究されてきた、つまり当時、使用された「中辺路」の「九十九王子」（王子社）がそれである。しかもこれまでの熊野参詣は、「中辺路」に勧請・祭祀された平野部の古道ばかりが研究されてきたが、そのほか熊野灘沿いの「大辺路」の存在が、熊野詣の特徴であることは、すでに述べてきたことから理解できるであろう。

こうした熊野三山の整備や参詣道のそれと並行して、霊場内部の一山組織の整備も十二分になされたことを確認しておかなければならない。熊野三山では、少なくとも平安後期までに一山組織が整備されていたのである。

熊野三山の経済的基盤

そうするとつぎに問題となるのは、一山の法会や組織の経済的基盤をどこにもとめていたのか、という疑問である。この問題については、既述した小山憲靖氏などの研究によって、早くから皇族・貴族や有力武士層によって厖大な荘園の寄進がなされていたと指摘されている。その結果、熊野三山は紀伊山地の他の中小霊場・寺院や、粉河寺（三十三所観音霊場第四番「観音霊場三十三所巡禮記」〈『寺門高僧記』四所収〉）と、根来寺など平野の霊場を凌ぐ規模になったと思われる。そこには熊野三山に対する身分を越えた人びとの厚い信仰があったことは間違いない。つまり熊野信仰が多くの人びとの信仰を獲得する前提には、三山の山岳・海洋信仰の問題や、カミやホトケなどと習合した熊野信仰と修験道、さらに次章で述べる神仏習合（仏教民俗学的には「神仏習合霊」と考えられる）の中心霊地であった熊野三山を忘れるわけにはいかない。すなわち海洋宗教を吸収した山岳霊場としての熊野三山の性格と、その信仰形態が象徴している。しかも熊野三山は、権現信仰とともに、ホトケである阿弥陀信仰や薬師信仰とともに、那智山の観音信仰（三十三所観音巡礼霊場）と補陀落信仰の聖地であったことが重要である。

しかも「自然」と「歴史的景観」を背景とした紀伊山地の特徴ある山岳・海洋信仰をもつ熊野三山は、本来「大辺路」が先行したが、院政期以降は「大辺路」から分化した「中辺路」が中心となったこと、それがまた、中世に展開した熊野詣をよりいっそう豊かなものにしたといえるのである。それは熊野参詣道の周辺を生活空間とする南紀の人びとの経済生活のみならず、社会生活・精神生活（宗教生活や年中行事など）にもつよい影響をあたえたといわなければならないだろう。

第五章　中世以降の熊野三山と信仰

第一節　熊野参詣者の身分・階層の変化

熊野参詣者の変化と経済力の衰退

すでに第三章で論じてきたように、文献史料からみると、皇族・貴族層の熊野参詣の時代から、武士の世界となった十二世紀以降も、熊野三山を旅する現象は継続されている。それを断念させた政治的争乱は、承久三年（一二二一）に起こった「承久の乱」である。朝廷と鎌倉幕府のあいだに起こった戦乱によって、後鳥羽上皇の政権奪還は失敗した。それ以降、上皇の熊野参詣は下火となった。それにともなって多くの荘園を寄進された経済生活から、三山は後退せざるをえなくなったのである。つまり各地の領主から寄進された荘園によって、熊野三山は経済力を獲得したが、これより以後は、そのあり方から脱却しなければならず、大問題になったのである。

伊勢・熊野・多賀社への参詣

右にみた上皇や貴族層の熊野参詣の減少・衰退により、十三世紀以降は政治権力を握った武士層が熊野詣に多く登場することになる。とくに在地の荘園を管理する武士層が、外来神である熊野神を信仰し、この神を荘園の鎮守神として勧請したことは、すでに新城常三氏の『増補社寺参詣の社会経済史的研究』に詳しい。私も旧著『死の国・熊野——日本人の聖地信仰』で新城氏の論をふまえて、その概要を述べたことがある。

さらに地域民衆の熊野信仰の一端を中世に求めると、つぎのような「俚謡」が伝承されていることは重要で、今日でも、畿内の民俗伝承として話を聞くことができる。すなわち「伊勢へ七度《ななたび》、熊野へ三度、お多賀様へは月詣り」という歌である。当時、畿内の民衆は、一生の間に伊勢神宮には七回参詣したい、さらに熊野三山には三回、そして近江の多賀神社には毎月お詣りしたい、と切実に願っていた。しかもこれらの三霊場は、歴史的にも畿内の地域民衆の信仰習俗をうかがう上でも重要である。この民間のはやり歌が歴史的事実であったことは、つぎに述べる中世前期の北伊勢地域の一土豪、藤原実重の精神生活史料（仏教民俗史料）からも裏づけられる。

藤原実重の精神生活史料

鎌倉時代初期に作成された藤原実重の精神生活史料は、彼の記した『作善日記』・『作善願文』から知ることができる。すなわち「作善」とは、善行を意味する文言である。藤原実重が記した『作善日記』と『作善願文』には、十三世紀前期「伊勢・熊野・多賀」の神々を同体とする三霊場への参詣と信仰習俗が丁寧に記されている。

この『作善日記』・『作善願文』（『四日市市史』「別冊　善教寺文書」所収）は旧著でもふれたが、この文書は、現三重県四日市市の真宗高田派に属する善教寺の木造本尊、阿弥陀如来立像から発見された体内納入文書である。この仏教民俗史料には、奥書に貞応三年（一二二四）から仁治二年（一二四一）の十五年のあいだ、藤原実重が毎年伊勢神宮、熊野権現、多賀の御前やその他霊場の神仏へ参詣し、金銭・米穀などを奉納・奉賽したことが克明に記されている。その内容とは、藤原実重の両親や子供たちの死者供養を目的としていたほか、あわせて自己の「滅罪正善」を願う宗教的・社会的作善（善行の意）をおこなうためであった。

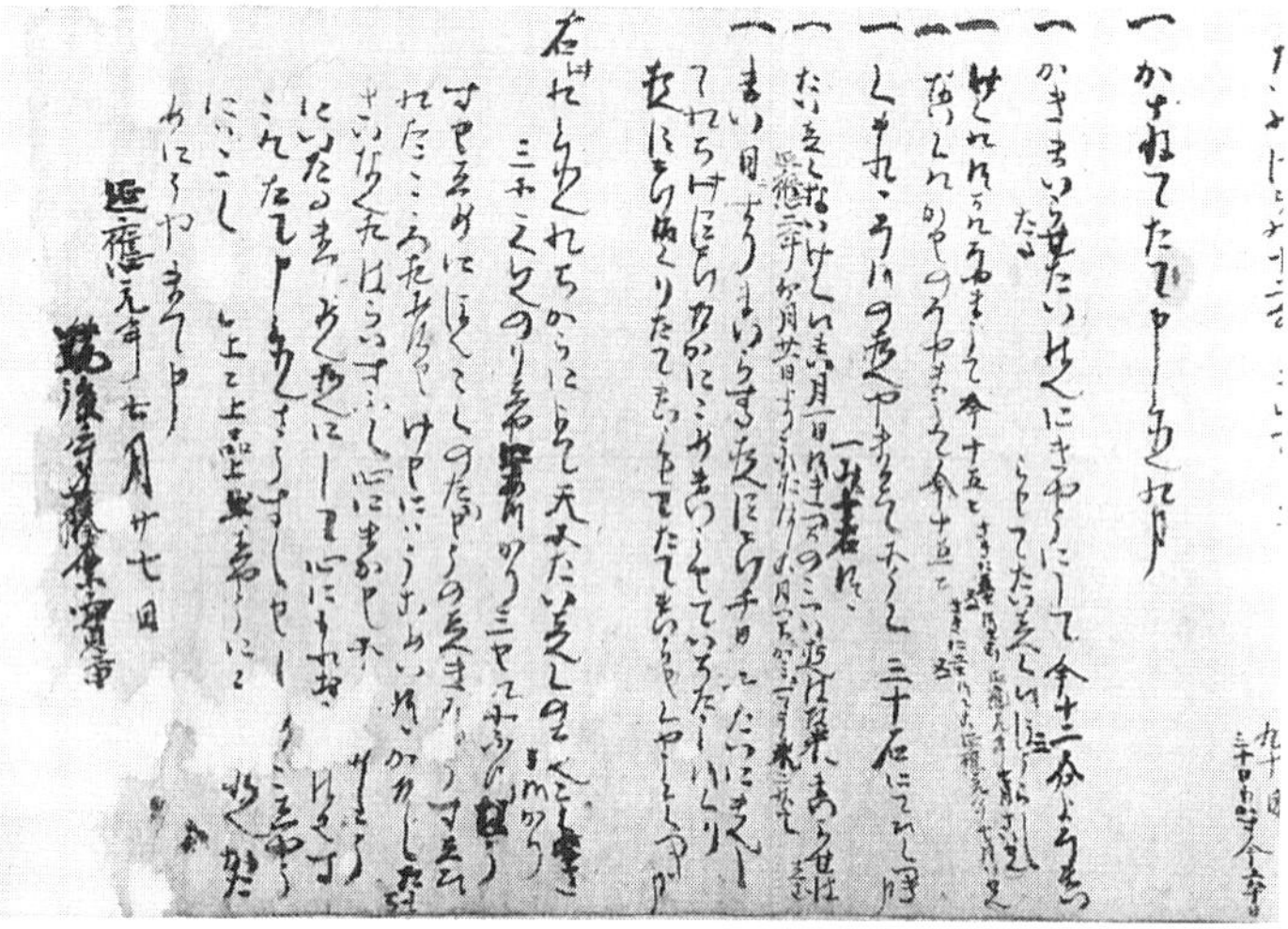

写真 21　藤原実重作善日記（『熊野もうで』〈和歌山県立博物館〉より転載）

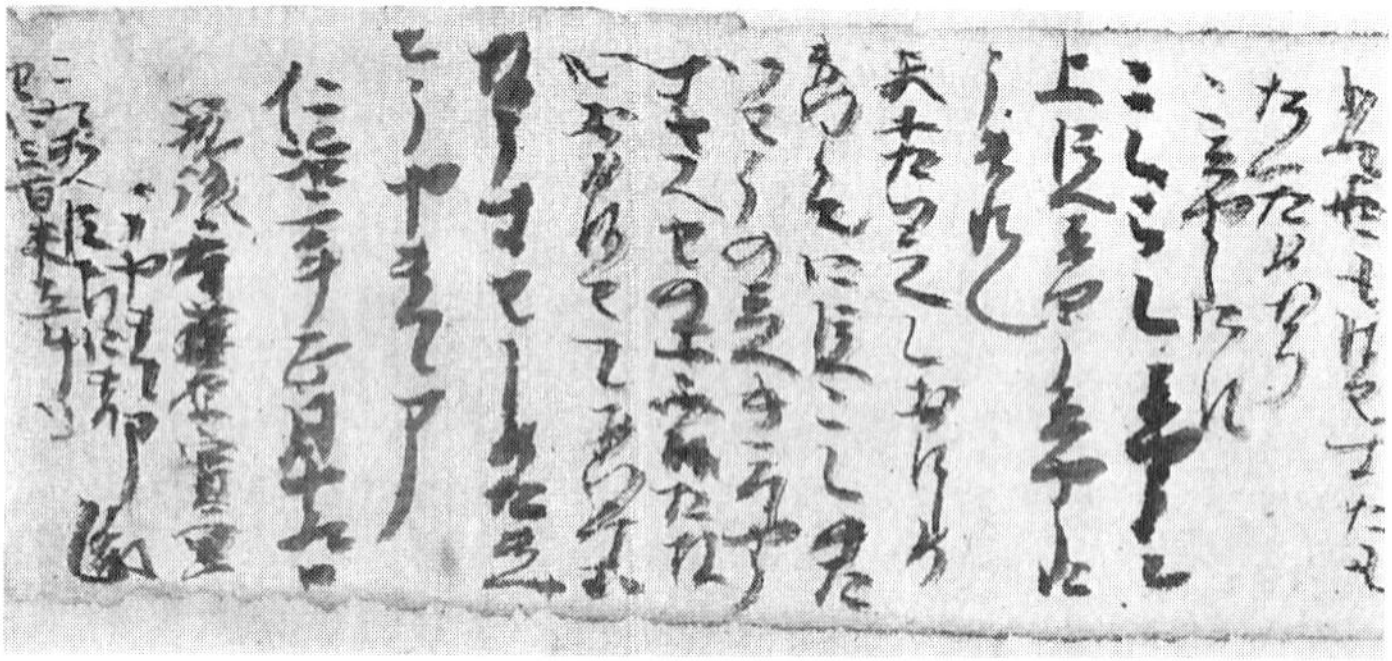

写真 22　藤原実重の願文（『熊野もうで』〈和歌山県立博物館〉より転載）

宗教的・社会的作善としての「湯施行」

たとえば、その宗教的意図を明確に述べる『作善願文』には、

（前略）毎年十一月五日より三十日、たうたいの原で湯わかして、湯者＝湯聖にお布施を奉る、父母の敬（孝）養のため、銭百湯女にわたす（天福元年条〈一二三三〉）

と記していた。熊野権現の篤い信仰者であった藤原実重は両親の追福を目的として、「たうたいの原」（現三重県員弁郡東員町とされる）の熊野堂で、「功徳湯」の施行（作善行）をおこなっている。このほか「湯施行関係略表」（豊島修『死の国・熊野――日本人の聖地信仰』参照）には、実重が「父のため」「母のため」に、「五十日湯わかす、麦五斗維那（湯聖）にとらす」（貞応二年〈一二二四〉条）とあり、さらに「母のため百日湯わかす、湯女に米一石・布二反・銭二百わたす」（貞応三年条）などとみえている。いずれも実重は、後生をよくする作善行として、維那（湯聖の意）に柴代銭を「百日分」「千日分」として寄進し、常湯をたいて熊野三山を参詣した「熊野道者」に入湯させていた。これは宗教的・社会的作善行であるが、またこの「功徳湯」は、両親の成仏を願っているほか、実重の子供の供養や自己の悪業を消滅する意図から

写真23　湯峯東光寺

おこなっている。
先の『作善願文』には、

千日ゆ（湯）、心さすところのす志やう（衆生）上仏（成仏）のため、（中略）上うふつ（成仏）せしめ、つくるところのあくこうせうめん（悪業消滅）のため也（句読点と（　）内は著者）

とある。当時、「たうたいの原」で湯施行をおこなったが、それは実重の両親や子供の追福の宗教的作善行であった。それを社会的作善として熊野参詣者に入湯してもらい、その薪代を湯の管理者である湯聖に提供した。

こうした作善行がおこなわれた背景には、当時、藤原実重が熊野権現の篤信者の一人であったことが重要である。『作善日記』の跋文に、「熊野三所権現三十度詣りの事」とあるのがそれである．具体的には、十五度の熊野参詣は「現世安穏」として熊野権現の利益を得、のこりの十五度は「後生のため」であったと記されている。この「現当二世」の熊野信仰を現わしているのは、おそらく老齢にさしかかった実重の真意であろう。そして究極的には、極楽浄土に生まれかわりたいと願っていたのである。これが実重の熊野信仰の意味であった。

このような現実の精神生活（宗教生活）を満たすために、熊野信仰とふかい関わりをもって受容されていた。しかも「立願」によって果たそうとしたのである。ここに「功徳湯」という宗教的・社会的作善と、自己の滅罪と浄土往生を願った一土豪の熊野信仰がよく示されている。

このような事例からも鎌倉前期の熊野信仰のあり方は、院政期から中世の人びとの熊野信仰の世界を集約して示すものであっただろう。その意味からも、中世人の熊野信仰を考える有益な史料として注目しなければならない。

第二節　南北朝の乱と応仁の乱後の熊野詣

延元元年（建武三〈一三三六〉）から明徳三年（一三九二）に展開した「南北朝の乱」によっ

て、南朝が所在した吉野は北朝の軍勢の攻撃を受け、山岳霊場を構成する寺社の多くが大打撃を受けた（『吉野町史』上・下、その他）。さらに十五世紀後期から一世紀の間、天下の覇権をめざす大規模な戦争が継続されている。いわゆる「応仁の乱」である。これら二度にわたる大戦争によって、熊野三山のほか紀伊山地の諸霊場の経済的基盤（寺社領）は奪われた。しかし注意したいのは、熊野三山をふくむ霊場の「宗教的権威」はこの時代にも継続され、とりわけ民衆層に熊野信仰がさかんになり、三山への参詣層が次第に富裕な民衆まで拡大するのである。たとえば、十五世紀を熊野詣の最盛期と想定するのは、先にふれた小山靖憲氏であるが、さらに「修験道史研究」の立場から、戦国期を全国的な熊野権現勧請の時期と主張する宮家準氏の研究がある。

熊野先達と熊野詣の事例

ところで中世の熊野信仰と熊野三山への参詣を考えるとき、諸国に散在していた熊野先達の活動と、彼ら熊野先達が在地の荘園領主と領民を三山へ参詣させたのは重要である。すなわちこの問題は、中世から戦国期における熊野三山と、諸地域の荘園領主や領民との社会的・宗教的な繋がりをよく示しているからである。この研究については、先にふれた新城常三氏の『増

補　社寺参詣の社会経済史的研究』の刊行によって、史料的には明確になったが、他方、中世の地域社会における具体的な類例の研究は、いまだ十分ではないのである。

そこでこの類例の一端を、近江国飯道山（現滋賀県甲賀市）の修験道と「熊野講」、および摂津国尼崎（現兵庫県尼崎市）の熊野先達が、その地域の国人と地下衆を有力な檀那とさだめて、彼らを熊野参詣に先導していた様相を述べることにしたい。

飯道山の熊野信仰と修験道

そのうち、飯道山の修験道と熊野信仰の関わりは、鎌倉末期の嘉元年中（一三〇三〜〇六）に、紀伊熊野山の住侶である行範が飯道山に熊野信仰をもちこんだことによる。南北朝あるいは室町期の成立とされる『飯道寺古縁起』（滋賀県の大野神社蔵）によると、熊野修験の行範が「飯道権現と熊野権現は同体の阿弥陀仏」であるという熊野信仰を伝播したという。これはすでに述べたように、平安中期から後期以来、熊野本宮の祭神・毛津御子大神の本地仏が阿弥陀如来とされ、この本地仏を安置する本宮「証誠殿」が「阿弥陀の浄土」と想定されたことによる。

このような熊野信仰の本質に関わる熊野権現の本地仏信仰を飯道山に伝播して、熊野権現と

写真24　江州飯道寺山惣絵図（飯道寺蔵、写真提供・米田実氏）

飯道権現が同体であるという信仰が生みだされたといえよう。この結果、飯道山の修験道は最盛期をむかえることになるのである。そして在地領主や武士層のみならず、上層農民や中下層農民なども飯道山に登山・参詣し、飯道権現に対する現当二世（この世とあの世）の信仰が出現した。同時に留意しなければならないことは、飯道寺一山の山伏・修験が身分をこえて、甲賀地域の荘園内の熊野道者を直接三山に先導する「熊野先達」として活躍している。

「熊野講」の出現とその実相

つぎに示す応永三十一年（一四二四）の「本宮二かいたうの慶五郎殿御旦那事」（『二

階堂文書』〈『熊野那智大社文書』所収〉は、中世後期の飯道寺修験の活動を示す好史料である。同史料によると、在俗の檀那を中心とした熊野信仰の組織、つまり「熊野講」の初出史料であることが注意される。

本宮二かいたう《（二階堂）》の慶五郎殿の旦那事
　近江国甲賀郡三雲村の殿・講衆
大河原殿上郎　野村殿　となりこせ《（ごぜ）》　あまこせかりこせ
常敬　右近　又太郎　佐近次郎　又七　衛門太郎　又史郎
七郎三郎　ひこ三郎　中殿
　応永三十一年三月十日
　　　　　　　　先達館《（飯）》道寺の慶真（印）

この熊野講の史料を要約すれば、つぎのようになるだろう。まず甲賀郡三雲村（現滋賀県湖南市三雲）の地侍野村氏を講親とした「熊野殿講」であること、また熊野先達は飯道寺の慶真であることが知られる。さらにこの熊野講の構成員に注目したい。まず総勢は十六名である。そして彼らの身分は五種に分けられる。すなわち

一、大河原殿・野村殿・中殿などの有姓名で「殿」を付した武士・地侍層。

二、右近・左近・衛門太郎などの無姓の官途名を付した上層農民。

三、又七・ひこ三郎など俗名のみの中下層農民。

四、こせ・あまこせ・こかりこせなどの女房。

五、僧侶の常敬。

である。つまり野村殿を講元、飯道寺の慶真を熊野先達として、地侍から上層農民、中下層農民、女性、僧侶などによって構成された熊野講であったことが知られる。中世後期の甲賀地域に発生した熊野講の特徴をよく示すものといえよう。

熊野先達と行者講

もっとも近江国では十四世紀後期以降に、琵琶湖の東南に位置する霊山、つまり伊吹山観音寺（現米原市）の熊野先達を中心とした「熊野山山臥行者講」とよばれる一国山伏の結合体が形成されていた。『大原観音寺文書』によれば、彼ら山伏のなかで、熊野先達の選任方法その

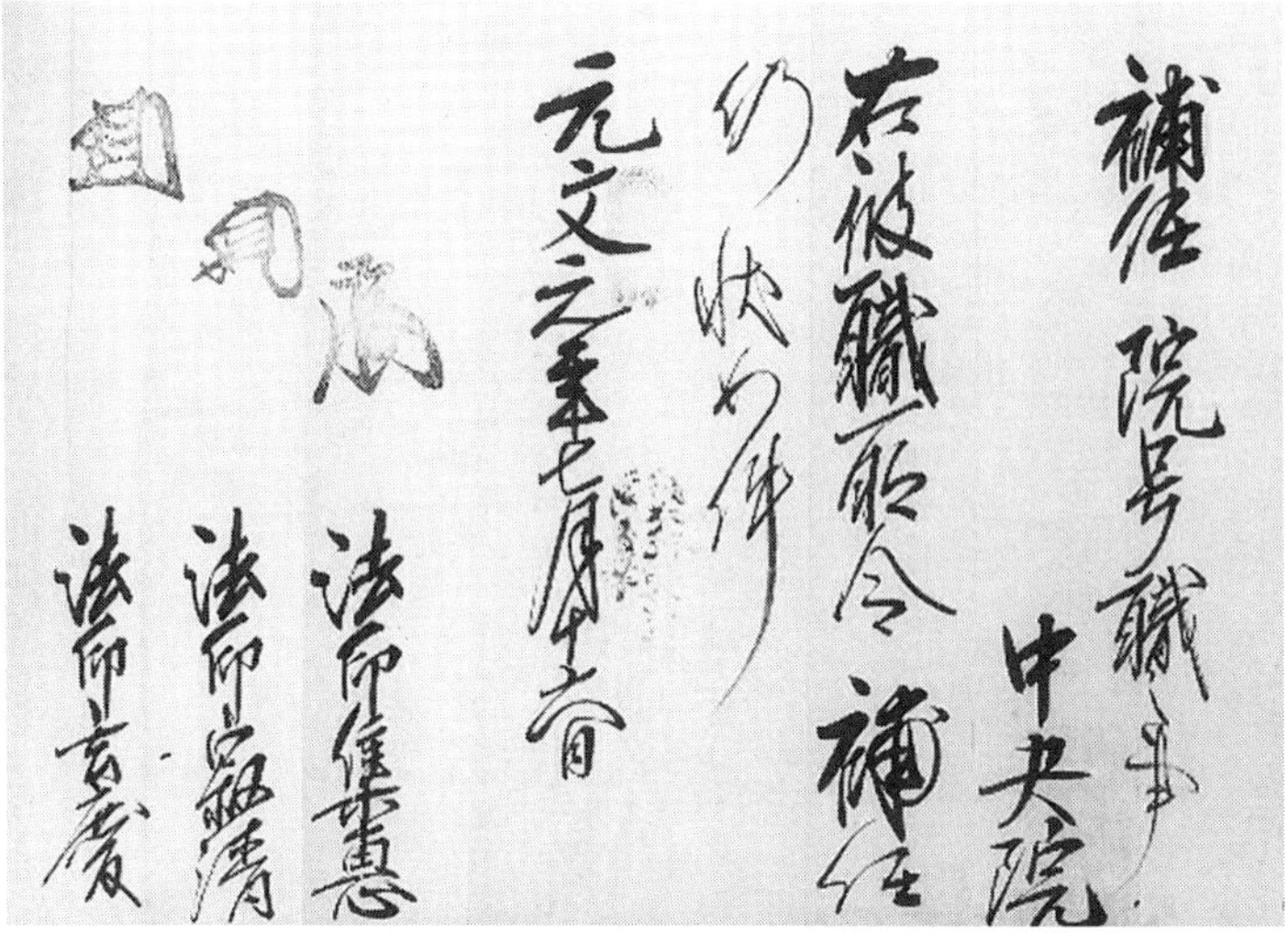

写真25　近世中期の補任状（飯道寺蔵、写真提供・米田実氏）

他を定めていたことが知られる。しかし在俗の檀那に中心がおかれた熊野講は、甲賀郡の野村親講がはじめてであり、中世近江の村落に成立した熊野講の出現は、熊野信仰史研究からも注目される。

摂津国堺の熊野先達

他方、摂津国尼崎に熊野信仰が伝播され、熊野権現が勧請された事例がみられる。その時期は、少なくとも十四世紀後期以前であったらしい。というのは当域の熊野先達が、国人とその地下衆を在地の有力な檀那とさだめて、彼ら一族を熊野参詣に先導していた。「日那売券」を収める「米良文書一」（『熊野那智大社文書』所収）が、その一例である。

嘉慶三年（一三八九）三月十二日付の「旦那売券」には、つぎのように記されていた。

売券状

合代拾六貫文者、

右件之旦那ハ、本宮般若寺之的場将監重代之旦那ニよって、那智色河白川善阿ニ売渡処実正也、（中略）但、たんなの在所ハつの国手嶋郡尊八若王子ひき旦那さ、たの一そく地家共、幷榮向寺の引旦那忠のゐん塩河之一族地家共、同池田之一族地家共ニ相違あるへからす候、（後略）

嘉慶三年己巳三月十二日　　本宮般若寺

将監頼方（花押）

ここには十四世紀後期に、摂津国豊嶋郡尊鉢（現大阪府池田市鉢塚）にある若王子（現高野山真言宗）は、当域の熊野信仰の一拠点であったこと、若王子の熊野先達は、当域の国人笹田氏一族とその地下衆を檀那とする師檀関係をもっていたことが知られる。そして彼ら檀那を紀伊熊野の本宮神社や那智神社に先導していた。右の檀那と売券を若王子の初見史料として、室町時代の「米良文書」にも、熊野先達としての宗教的・社会的・経済的活動を示す例が散見される。

そうすると戦国期の当域の熊野檀那の存在も、十四世紀後期以降の熊野信仰の伝播・浸透の機運をふまえて、その内容を把握しなければならない。たとえば室町期の「米良文書」には、熊野檀那が「摂津国尼カ崎并西之宮一円」とある。これは、なお戦国期に当域の戦国大名と国人・土豪層を給人とした家臣団、およびその領域内の地下衆を有力な檀那と定めていた例である。もっとも、その様相は史料的に不詳である。しかし戦国期という政治的動乱をふまえて推測すると、おそらく戦国動乱にたいする一族や領国内の守護神として、熊野神やその本地仏が勧請されたのであろう。宗教的には、「現世安穏・後生善処」の現当二世をもとめていたと考えられる。

中世後期の民衆と熊野詣

そのほか中世後期以降の民衆の熊野詣で注意されるのは、西国三十三所観音巡礼と連動していたことである。そこには熊野本願比丘尼・同本願山伏などに代表される、熊野三山の宗教者の勧誘・宣伝が想定される。具体的には、熊野本願聖の遊行回国と勧進に関わる問題である。

そこで熊野三山の外的・内的要因から、さらにこの問題を考えてみよう。

まず外的要因としては、貨幣経済の浸透と熊野道者を迎える沿道の人びととの強制と援助、さらには交通路と宿所の整備などである。また内的要因については、熊野の神々に対する宣伝が強調されている。たとえば熊野本宮の権現が「信不信をえらばず、浄不浄をきらわず」(『一遍聖絵』)と述べた神託(託宣)の事例などによって、この時代には時衆系の遊行聖の唱導がつよく表出されている。また室町期以降に多く作成された熊野の絵画史料、具体的には「熊野那智参詣曼荼羅」・「熊野観心十界曼荼羅」を携え、勧進を目的とした絵解唱導をおこなった三山の本願山伏・熊野本願比丘尼が宣伝し、熊野三山への参詣は滅罪と「現当二世」であることを勧めたのである。いずれも「蟻の熊野詣」(『日葡辞書』)の宗教現象に拍車をかけたことが大きい。

さらに注意されるのは、熊野三山が紀伊山地の他の山岳霊場と異なり、女性や身障者の参詣に寄与した側面が大きいことは重要である。いずれも熊野三山の経済的基盤を、これまでの荘園からではなく、広く武士層や民衆の結縁にもとめた霊場側の苦しい意図があり、地域民衆を対象とした霊場の布教の転換が想起される。既述した熊野信仰の全国的な展開を促した熊野先達と熊野御師の提携も、おもな要因のひとつであったことを確認しておきたい。

第三節　熊野三山の本願所寺院と熊野本願比丘尼・山伏

熊野本願所寺院研究の成果

このほか中世後期から近世中期にかけて、熊野神（や権現）や本地仏の勧進・宣伝があった歴史に注意すると、熊野本願比丘尼・熊野本願山伏の勧進活動と、本願聖を統率した「本願所寺院」が存在していた。そのため本願所寺院の組織や勧進のあり方などに注意して、その実相を検討しなければならないであろう。

この問題について、私は早くに『死の国・熊野——日本人の聖地信仰』において、熊野三山の本願の歴史と勧進活動をふまえた宗教的・社会的・経済的様相を論じたことがある。その後、鈴木昭英、根井浄、山本殖生氏と著者の編集によって『熊野本願所史料』（清文堂出版）を刊行した。そこには熊野三山の本願所寺院の全体像に関する史料の翻刻と、本願組織、職掌、機能、文化財などの問題を、それぞれ本宮、新宮、那智の一山を分担して解説し、全体をふまえた総説を最初に掲載した。この熊野三山の本願所史料の刊行によって、熊野本願所寺院とそこに所属した熊野本願比丘尼・山伏の問題を、はじめて総合的にあきらかにすることができた。

写真 26　熊野本願比丘尼の絵解図（『熊野本願所史料』〈清文堂出版〉より転載）

さらに十五世紀以降畿内の寺社を中心に、全国的な視野をもって諸寺社の造営勧進についても、はじめて詳細に論じた『寺社造営勧進本願職の研究』（清文堂出版）の刊行に繋がったといえるのである。この分野の研究が、いまや全国的な視野をもって展開しつつある現状を理解しなければならない。

熊野三山の本願所寺院

そこでまず、熊野三山に存在した本願所寺院の総体について、簡略に述べてみよう。

まず熊野の本願所寺院というのは、十五世紀後期以降、熊野三山に組織された本願所寺院の集合体をさしている。しかし本願所寺院の組織化をしめす確実な史料は不明である。その早い時期については、「熊野三山中」という記載が翻刻された『熊野本願所史料』の「史料篇」にみえるので、現状では十六世紀末から十七世紀初頭という見解で一致している。

この組織化とは、戦国期から近世初期の熊野三山においては、本宮と新宮に本願所寺院が各一カ所あり、那智山には七カ所の本願所寺院が存在していた。これら九本願所寺院（または庵主・寺院）が集合体として存在し、本願職に関わる問題のすべてについて、つまり幕府対策、神職対策のほか、三山の経済確保などの課題を協議する機関であったといえるのである。

熊野九本願所寺院の内部構造

つぎに熊野三山の九本願所寺院の内部構造に注目すると、「三山付き」の本願は、各一山の組織を構成した社家、衆徒《しゅと》、行人《ぎょうにん》、承仕《じょうじ》などとは異なる身分であったこと。その職掌も、三山の社殿、堂塔、本尊、神像・仏像の建立、修復や、三山周辺その他の道・橋の普請などをおこなうために「勧進」、すなわち金銭をあつめる「作善行」に人びとを結縁させ、金銀を提供させる権利を与えられた熊野三山側の宗教者である。先の熊野本願所史料には「本願職」「願職」などとみえている。つまり本願聖は熊野本願比丘尼・同本願山伏などである。そして熊野本願比丘尼と熊野本願山伏が夫婦になって、畿内および諸国を遊行して「熊野参詣曼荼羅」・「熊野観心十界曼荼羅」などを絵解き・唱導し、結縁した人びとには熊野権現の功徳がつよいことを説いたのである。このような宗教的・経済的意味をもつ勧進行為によって、人びとから集めた金銭や米などは熊野三山に送られた。

つまり三山の社殿その他を修復・造営するために、その費用を民衆から集める勧進の権利をもっていた。彼ら本願聖が「本願職」「願職」といわれ由縁である。そうすると、近世身分制の研究や近世文芸その他において、あたり前のように記された「熊野比丘尼」という名称は、正しい名称とはいえない。むしろ正確には、熊野本願比丘尼・熊野願職比丘尼といわなければならない。

さらに熊野三山のなかで、七カ寺という多くの本願所寺院が那智山に設けられていたのはなぜかという疑問が横たわっている。これは十五世紀以降、那智山の寺社造営事業がいかに那智本願の勧進活動に依存せざるをえなかったかをものがたっている。那智山のばあい、このような経済的・宗教的なあり方に依存したのはなぜか、という問題は、なかなか解けない疑問であり、さらに今後の課題のひとつとして残されている。

那智七本願の様相

ところで問題の那智七本願の具体相に触れると、まず七本願とは、御前《ごぜん》庵主、滝庵主、那智阿弥、大禅院（春禅坊）、理性院（行屋坊）、補陀洛寺、阿弥陀寺の七カ寺・庵主を指している。この七カ本願が那智一山において、組織化された時期については、たしかな史料に恵まれない。ただ戦国時代の熊野本願史料（先にふれた『熊野本願所史料』）のなかに、「熊野本願中」と記されていたのが早いことはすでに述べた。したがって戦国期には九本願所寺院が組織化され、ひとつの大きな組織として活動していたことが知られる。

また近世中期まで継続された七本願所寺院の組織と活動は、また「七ツ穀屋」などと称され

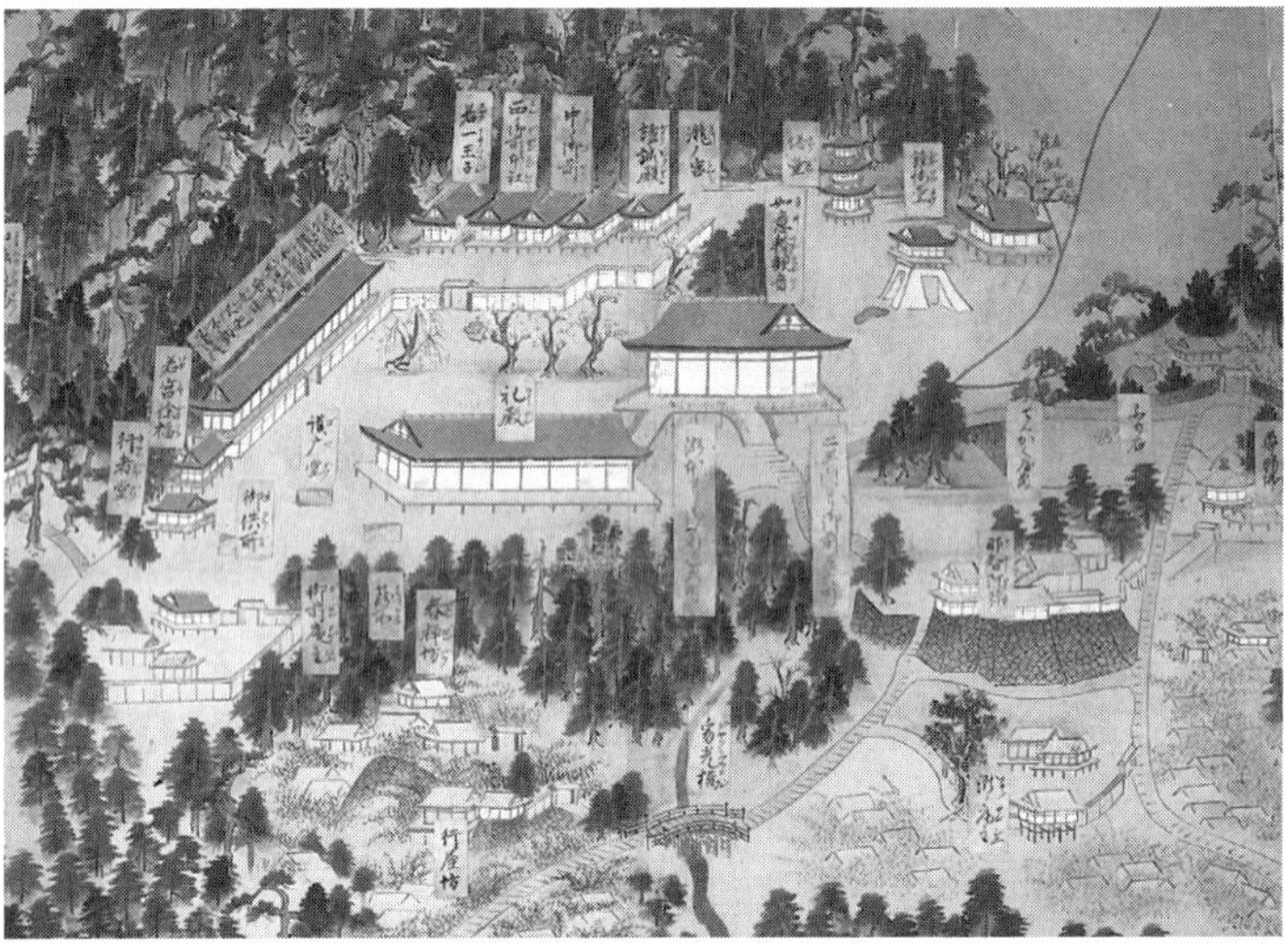

写真27　熊野那智五本願の図（「那智山古絵図」、熊野那智大社蔵）

た。それは穀屋、つまり熊野願職比丘尼・山伏などが勧進した金銭や穀物を那智山に送るが、それを那智山内で管理する機能をもっていたから、熊野那智の「穀屋」と本願所史料には記された。

さらに興味ぶかいのは、右の七本願所寺院のどこかに所属した「本願職」の権利をもった山伏が、日常生活において、社殿の燈明や供花のほか、各一山の年中行事や法会の末端諸役をも務めていたことが史料的に明らかにされた。

「寺付き」の熊野本願比丘尼・山伏

それとともに注意したいのは、熊野三山の本願所寺院に居住した本願比丘尼・山伏は、

写真28　妙心寺旧本堂

「寺付き」の宗教者であり、家族的な繋がりをもって生活していたことである。しかもそのなかで「師匠と弟子」のつよい関係を保持していたことは興味ぶかい。熊野本願比丘尼は近世以前から、一人の師匠が弟子をたずさえて、「熊野観心十界曼荼羅」・「熊野那智参詣曼荼羅」などを絵解き・唱導していたことが知られている。しかし実際の生活において、家族的な繋がりを示す史料には恵まれていなかったのである。

そこでまず、つぎの史料をみていただきたい。同史料は、熊野新宮本願の末社である神倉神社を管理した神倉本願比丘尼寺の妙心尼が所蔵していた、近世前期の「人別改帳」である。そこに記された「寺付き」の比丘尼・

山伏の存在は、従来、熊野本願比丘尼の様相がほとんど明らかにされていないので、たいへん貴重であるといわなければならない。さらに、もう一点注目したいのは、熊野三山以外の地域、すなわち京都・大坂など畿内の大都市や、江戸および在地の村落に定住していた熊野願職比丘尼・山伏の存在も知ることができるのである。

そのうち前者に限定してみると、熊野九本願所寺院のほか、近世の新宮本願の末寺になる神蔵（倉）本願比丘尼にも、多くの熊野願職比丘尼・山伏が混在して居住していたことである。

新宮神倉本願妙心寺の内部構成

神倉本願妙心寺の内部構成は、寛文五年（一六六五）巳二月の「神倉本願比丘尼山伏人別改一札之事」（『熊野本願所史料』所収）によると、次のように記されている。

一妙心寺　　セいとく年四拾九　生国三河国
　　　　　　かう村四拾四年以前ニ参候
　　　　同弟子　年拾五
　　　　光学　　生新宮
同ちしゅん　年五拾七　生国

伊勢山田　五拾四年以前ニ
参候
同りやう　　年三拾四　生国新宮
同セいしゅん　　年廿一　新宮
同まん　　年十七　生国新宮
同りてい　　年七才　生国新宮

十七世紀中ごろの新宮神倉本願妙心寺には、本願頭である比丘尼寺の住職であった「セいとく」比丘尼と弟子の光学（男性の山伏カ）、および、ちしゅん、りゃう、セいしゅん、まん、りていの五名の比丘尼集団をふくむ、計七名の構成であった。しかも当時の住職「セいとく」尼は、中興第六世「清徳尼」であったことが、延宝九年（一六八一）の『清徳尼像台座裏墨書銘』（『熊野本願所史料』所収）から知ることができる。すなわち「寺中興第六世清徳信尼者、参州白鳥郡香宇ノ郷ノ人也、先師智算老尼之遺弟而、当寺住職五年　五十二才而終焉、今延宝辛酉六月十二日為、追孝剋彫此後供養万年更不断絶是予願而已　後智算尼欽白」とある。

ここには彼女の出身地が「三河国かう（旧香宇村）」であること、先の「四十四年以前ニ参

写真 29　清徳尼像（『熊野本願所史料』〈清文堂出版〉より転載）

候」とあるから、逆算すると、少なくとも寛永八年（一六三一）以前、五歳のときに神倉本願妙心寺に貰われて入寺したことになる。幼児のときに貰われた熊野本願比丘尼の伝承を理解するとともに、他の弟子比丘尼も同様であったと推測される。

それはまた、新宮本願比丘尼寺の本寺である妙心寺の組織のあり方とも関わる問題である。すなわち「ちしゅん」（五十七歳）を筆頭にして、多くの小比丘尼を抱え置いたとみえる近世の文芸作品などの記載を裏づけるものである。さらに十七世紀中ごろの神倉本願に属した比丘尼集団は、その多くが地元の新宮を出自としていたこと、そのなかの「ちしゅん」のように伊勢山田を出身とするのは、伊勢からも熊野系の比丘尼が多く入り込んでいたことを傍証するものであろう。

そのうち前者については、近世前期の風潮として、地元出身の子女を貰いうけ、神倉本願比丘尼の本寺（家元）や院坊に弟子として入寺させる慣例と、地域性がはたらいていたと考えられる。また後者も、伊勢神宮の外宮が鎮座する山田は、「山田比丘尼」が活動した本拠地のひとつであった。その代表が毎年一度「熊野へ参詣し、牛玉札を受け来る」慣例があったのである。これなども近世以前から伊勢神宮と熊野三山の関係を有する伝統をふまえなければ、理解できないと思う。

新宮神倉本願寺院の様相

十七世紀中ごろの新宮神倉本願寺院の内部構造とその一端を、願職比丘尼の本寺妙心寺を例として述べてみた。神倉本願一〇カ寺の一例を紹介したにすぎないが、勧進を請け負う本願所寺院が「寺付き」の比丘尼・山伏を擁し、男女それぞれが混在する形で存在していたこと、しかも修験と比丘尼集団の関係が、他の九本願所寺院の家族構成を示す『人御改ニ付比丘尼・山伏一札之事』からも理解できる。このような修験と比丘尼集団の関係とは、地縁関係をとおして師弟関係を結んでいたのが第一の特徴である。それは後述するが、諸国に散在している願職比丘尼・山伏のあり方を投影していると思われる。

『人御改ニ付比丘尼・山伏一札之事』の検討

第二は、『人御改ニ付比丘尼・山伏一札之事』の検討から、神倉本願一〇カ寺・院坊の「寺付き」願職比丘尼集団の出自を合計すると、紀伊一七人、伊勢五人、三河一人、阿波一人、大和一人となる。三河国をのぞくと、いずれも畿内以西の国々から入寺していたことになる。しかもその年齢は、一〇代未満三人、一〇代六人、二〇代六人、三〇代四人、四〇代四人、五〇代二人、六〇代二人である。そのうち紀伊と伊勢の出身者が多い点については、地元の新宮出身と伊勢との関係が二六名中、二二名を数えており、全体の八四・六パーセントを占めていた。その背景には、既述のように当時の風潮として、地元の幼女を貰いうけ、養育しながら弟子として入寺させる傾向がつよかったことを指摘できる。さらにこの問題を歴史的に考えたとき、すでに第一章で述べた平安後期の「伊勢熊野同体説」（『熊野権現御垂迹縁起』）にみられるように、中世以前から伊勢と熊野三山の関係がつよかったことを反映しているのである。

ともあれ、十七世紀中ごろの神倉一山に存在した本願修験・比丘尼集団の実態がうかがえる本史料は貴重である。しかし熊野三山の庵主・本願所寺院の内部構造をうかがう史料はまだみつかっていないので、その庵主・本願所寺院の全体像を把握するまでには至っていない。その意味で新史料の発見が待たれるところである。

在地村落に居住した熊野本願比丘尼・山伏の勧進活動

他方、京都や大坂さらに江戸のような大都市や村落に居住した熊野比丘尼・山伏のばあいはどうであったのだろうか。これは本来、熊野九本願所寺院から「熊野願職」という職権をあたえられて、地域社会で生活をおくり、その一方では、都市民や民衆を勧進の対象とする宗教的活動を展開していた。いわば古代・中世の遊行・回国の性格をもつ本願人であった。

勧進と携帯の内容

また熊野願職比丘尼・山伏が諸国を遊行・回国するとき、先に述べた熊野三山の祈禱札である「牛玉《ごおう》宝印」を入れた牛玉箱を持って唱導・勧進をおこなった。熊野三山の本願所寺院から拝受した祈禱札、すなわち熊野の護符は、戦国期には烏文字と宝珠をデザインして、そこに「日本第一」の文言を入れたお守り札であった。そのお守り札は領主と家臣の精神的なつながりを有するものとして、武士のみならず近世民衆にも広く受容された。このほか大黒天像の札も配布されていたらしく、熊野の神木である梛の葉や酢貝も同時に配っている。

前者は、道中の葉も旅のお守りとなったが、特にその若々しい緑葉は女性に珍重されたといわれる。さらにその葉の強靭さから、夫婦の縁が切れない呪力信仰があったと思われる。また、サザエの仲間である酢貝は、子供の玩具になったといわれる。しかもこの貝は握ると「安産」の効果があるという伝承が、『本草綱目』（巻四十六）に見えている。

こうした台所の守護神としての大黒天や、梛、酢貝などには、いずれも「女性救済の理念」が内在しているという山本殖生氏の指摘は、熊野信仰の宗教性を検討するとき、大変興味ぶかい問題をふくんでいる。

第四節　那智本願寺院の那智阿弥と西国巡礼行者

このほか那智七本願所寺院で重要な問題のひとつは、西国巡礼霊場「如意輪堂」と本願「那智阿弥」とのかかわりであろう。この問題は、那智七本願所寺院の研究から生み出された課題のひとつである。

那智山の「如意輪堂」

まず那智山如意輪堂の歴史を概観すると、平安後期に記された「前大僧正行尊三十三所巡礼手中記」（『寺門伝記補録第九』所収）に、如意輪観音を本尊とする三十三所巡礼の第六番霊場に、「如意輪堂」がみえている。三十三所巡礼の文献上の初見史料であるが、その後、如意輪堂は青岸渡寺と寺名を変更されたことは、幕末から明治初期の那智大社文書にみえている。そして室町中期から戦国期・近世初期には、「如意輪堂」を本願「那智阿弥」が支配していた。

室町中期以降、西国を冠した三十三所観音霊場の第一番札所になった「如意輪堂」の本願となった那智阿弥と、その支配に属した「三十三度行者」との関わりはどこにあったのだろうか。少しく分析してみたい。

写真30　西国巡礼第一番霊場・青岸渡寺

西国三十三度行者とは

西国三十三度行者については、筆者も早くに紹介したことがある（『熊野信仰と修験道――日本人の聖地信仰』）が、何よりも重要と思われるのは、西国三十三所観音霊場をめぐる巡礼、すなわち、苦行を実践した「三十三度行者」が、那智の七本願所の本寺のひとつであった那智阿弥の支配をうけていたことであろう。

「三十三度行者」とは簡略にいえば、西国三十三所霊場を三十三度巡礼する修行者をさす。彼らの修行は一年に三回、十一年で三十三回巡礼するのが慣例であった。その特徴は、修行者が背負う「笈」（背駄、セダ、オセタ、その中に西国

写真 31　西国霊場三十三観音御背板（青岸渡寺蔵）

三十三所巡礼霊場の各本尊などが収められている）を、畿内の信者の家を「宿」として開帳するのである。そして宿になった家や近隣から集まった人びとを、背駄に安置しているミニチュア化した三十三体の観音に結縁させ、三十三度行者は布施をもらうのである。

このような巡礼行者としての苦行と宗教的行為を毎年繰り返し、三十三回の巡礼を達成させると、つぎに「満願」供養という宗教的・社会的な意味をもつ法会（儀礼）がおこなわれた。この満願供養の問題は、修験道史研究のうえからも大変興味深いが、近世から近代に活躍した畿内の三十三度行者の満願供養をふくむ諸問題は、私の研究以後、玉城幸男氏や小島博巳氏などの巡礼研究者によって、巡礼史料や満願供養の資料とその民俗伝承をふまえて、さらにくわしく論じられている。

本願那智阿弥の由来と特徴

こうした三十三度行者を支配したのが本願那智阿弥であったことは、すでに述べた。この那智阿弥は室町初期以来、諸国の霊山・霊場を回国・遊行した「十二人」の時宗聖が那智阿弥として、那智山本願所の居住寺になった歴史がある。それには当時の熊野三山が、荘園の喪失にともなって、経済力を多方面に要求するほど困窮したことが考えられる。那智山のばあいも、この経済的状況は本宮・新宮ともに変わりはなかったであろう。そのため室町末期以降那智山は、本願那智阿弥に如意輪堂の資縁を勧進する多くの勧進聖や木食遊行者が集まることとなり、あわせて三十三度行者の本拠寺となったのであろう。そして熊野那智本願所の本拠のひとつ、如意輪堂に所属した巡礼行者によって西国巡礼がおこなわれたのである。

また那智阿弥の特徴のひとつは、那智阿弥の縁起類にみえる第六五代、花山法皇（九六八～一〇〇八）の西国巡礼を強調する点にある。これは室町期の初代那智阿弥、弁阿上人か第二代良弁の時代に、花山院の西国巡礼に擬したもので、いわば本願那智阿弥の一種の権威づけであろう。

西国巡礼行者のまとめ

以上の推考によって、西国巡礼行者は時宗の遊行形態と、回国苦行という修験道の実践行、および代受苦者としての性格をもって、自他の滅罪巡礼をおこなったところに特徴があるといえよう。それは室町初期に、十二人の時宗聖が本願那智阿弥に定着しておこった現象である。また彼らは巡礼・回国における道中や「宿」などで、庶民層に観音信仰と巡礼の功徳を宣伝し、この時代の熊野信仰の布教に大きな役割を果たしたことが認められるのである。

こうして西国巡礼行者は和歌山城下を中心に、畿内の霊場と村落を回国・巡礼することによって、諸地域の住民の精神生活に多大な影響を与えたといえよう。それが戦国期から近世に入ると、諸国から熊野詣とともに、西国巡礼第一番札所の如意輪堂（後世の青岸渡寺）に参詣・巡礼する多くの民衆がみられるようになる。それは熊野詣の古道、すなわち大辺路や中辺路を歩む人びとが、文献や民俗伝承や供養塔などに多くみられるようになった、この時期の特色のひとつであることに注意しなければならない。

第五節　尼サンドの実相

女性の三十三度行者と研究

前節で述べた男性の西国三十三度行者の研究に対して、女性の三十三度行者、すなわち「尼サンド」と称する行者の存在については、従来、ほとんど明らかにされなかった。それは西国巡礼研究の過程で、中世・近世の史料に尼サンドの記述がみえなかったからであるが、男性の巡礼行者が存在すれば、女性の巡礼行者の存在も否定することはできないであろう。すでに中世後期から戦国期、さらに近世初期にかけて熊野信仰を唱導・伝播した熊野本願比丘尼の活動があったのであるから……。しかも彼女ら熊野本願比丘尼と尼サンドの関係の有無はどうであったのか、という大変興味深い問題が横たわっている。

このような巡礼研究の現状にあって、これまで尼サンドの実相と伝承に注目したのは、近世女性遊行宗教者の研究を独自に展開させていた玉城幸男氏である。玉城氏は、すでに一部の郷土史家の巡礼研究をふまえて、昭和五十二年（一九八七）六月に、男性の三十三度行者に関する研究を報告している。その後玉城氏は、男性の三十三度行者の研究をまとめると、つぎに女性の三十三度行者＝尼サンドの研究に専念されたのである。そこで玉城氏の尼サンド研究をふまえながら、さらに今日の畿内における尼サンドの伝承にも注意をしながら、少しく述べてみたい。

尼サンドの実相と伝承

玉城氏が尼サンド研究を整理して刊行した『女性の西国巡礼三十三度行者――尼サンドについて――』（私家版、一九九三年三月）には、「三、ある尼僧の歩んだ道」の一章がある。これは和歌山市粟の西山浄土宗国盛山金剛寺に所蔵されていた尼サンドに関する小冊子である。内容は昭和十二年（一九三七）に同寺の改築を記念して、荒古福一氏が『尼僧了昔の歩んだ途』と題し、金剛寺を再興した中村了昔の生涯を、了昔尼の記憶をたよりにした昔語りを記録した、近代の伝承資料である。この資料で重要な点は、女性の三十三度行者である了昔尼が、三十三度の巡礼修行の本寺と考えられる慶蔵庵に入ったこと、その巡礼修行のあり方、および巡礼修行を無事に終えて、男性の三十三度行者と同様「満願供養」を語る伝承である。

三十三度修行の組織

まず三十三度修行の組織について、了昔尼が最初に入った慶蔵庵（和歌山市新留町、現在廃寺）は、明治五年（一八七二）以来、歴代庵主が西国三十三度修行をおこない、女性の三十三度行者を管理した寺院＝組であったらしい（明治五年『寺院取調帳』、マンフレッド・シュパイデル『まわり巡礼・三十三度行者』）。その組織については史料とともに伝承の不明な点が多い。しかし前節で述べたが、中世以来、男性の巡礼行者が組織化されていた那智阿弥のほか、近世以降にできた「葉室組」、「紀三井寺組」、「住吉組」などの巡礼組織と同様、慶蔵庵が花山院の旧跡を由諸とした「花山院菩提寺」の支配をうけていた。のちに触れるが、近世後期から近代にかけて同庵を拠点として、三十三度修行をおこなっていたのである。

もっとも先行研究によれば、明治維新の際には男性の行者の活動がすべて禁止された。この信迎習俗が復活したのは、明治十五年に那智の青岸渡寺（旧如意輪堂）の監督下に各組が立ち上がってからである（マンフレッド・シュパイデル氏の論考）。この伝承によって明治維新から同十五年までは、男性の三十三度行者にとって忍従の期間であったといわれ、前近代の三十三度行者の巡礼慣行が変質したことを問題としなければならないだろう。

他方、女性の尼サンドは、明治初年にきびしい弾圧をうけた男性の巡礼行者とは異なり、この期間も活動していたらしい。玉城氏はその証拠として明治三年の智融法尼の供養塔や、翌四年の和歌山市大垣内、光恩寺の記録にみえる妙善法尼、同七年の徳善法尼の供養塔の存在を指摘する。これが史実とすれば、明治維新後、しばらくの間男性と女性の巡礼行者に、どうしてこのような違いが生じたのであろうか。なお解けない問題のひとつとして残されている。

尼サンドの勧化帳

満願供養については、玉城氏が早くから調査されている。それによると三十三度巡礼を達成した尼サンドの「勧化帳《かんげ》」の写（四冊）が、和歌山市満屋の元地蔵庵にオセタ（修行者が背負う笈＝「背駄」の意）と「菊紋附羅沙大打敷」など、多数の遺品とともに保存されている。この満願供養の「勧化帳」によると、文政八年（一八二五）の願主・法隋尼の「西国三十三所勧

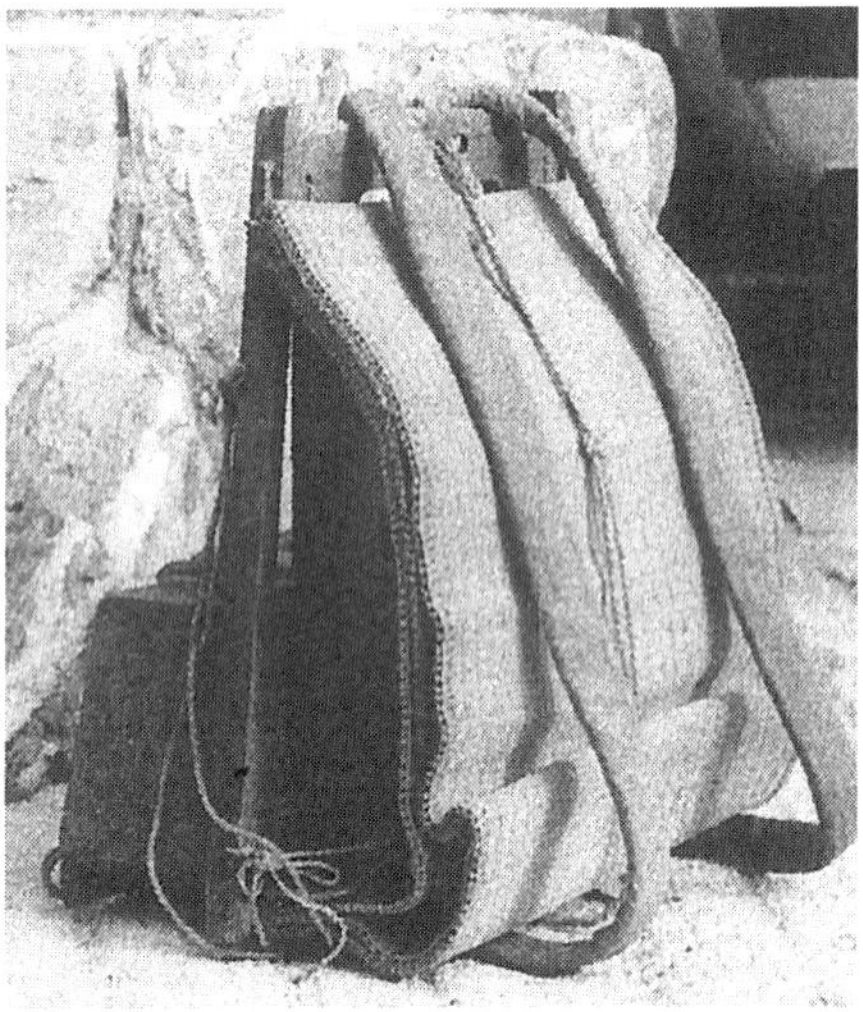

写真32　現地蔵庵に残るオセタ（御背板）

化帳」をはじめ、二十五年後の嘉永二年（一八四九）に、願主隋明尼の「勧化帳」や、慶応二年（一八六六）の願主・妙願尼の「勧化帳」、さらに明治二十九年（一八九六）の願主・久保隋明尼の「勧化帳」などが残されている（玉城氏、前掲書）。

これらの勧化帳は満願供養の費用集めを目的とした勧進の帳面である。この勧化帳には、「三拾三所の霊所一度巡礼する輩は五逆十悪消滅し、極楽往生せん事疑事なかれ」（天保十四年〈一八四三〉卯十二月「西国三十三度勧化帳」、願主・操空妙貞尼）とある。つまり三十三度観音巡礼をすれば、「五逆十悪を消滅し、極楽往生をすることが疑いない」と説いていた。しかも勧化帳の最後は、この勧化に金品を喜捨する民衆は「現世安穏・来世往生」ができるという功徳文で結ばれている。明治四十一年（一九〇八）一月の「西国三拾参度勧化帳」（願主了恵尼）にも、同じような功徳文がみえている。

写真33　元地蔵庵の本尊・厨子（玉城幸男『女性の西国巡礼三十三度行者』〈私家版〉より転載）

このほか「三十三所本尊の掛け軸」が別な木箱に収められている。この箱書には「三拾三所観世音菩薩」（弘化二年乙巳〈一八四五〉、十月修復　地蔵庵法隋）、「文化六己巳（一八〇九）、京都山口城亮画　志主茂村氏」と記されていたという。いずれも満願供養の際に用いられたと思われるが、玉城氏はこの元地蔵庵の掛け軸には、戦国期以来の家職制による「御室御所隆幸の開眼」の痕跡はみられないという。しかしこの問題も今後にのこされた課題である。

満願供養

尼サンドの満願供養は、大変興味深い問題であるが、史料の上からはよくわからない。しかし旧著で、那智阿弥の巡礼行者の盛大な満願供養の様相を述べたように、宗教的には「生まれ清まり」の「擬死再生儀礼」の意味をもつ供養であったらしい。さらに尼行者は、男性の巡礼行者の満願供養と同様に、「血脈過去帳」に記載されるが、これは融通念仏宗の「伝法」や浄土宗の「五重相伝」、あるいは浄土真宗の「お剃刀」などと同じ仏教上の儀礼である。これを尼行者が受けることによって、「生まれ清まり」の宗教儀礼がおこなわれたといえよう。つまり満願供養をうけることによって、これまでの古い人格がなくなり、新しい人格が誕生するという信仰である。これによって尼行者は現世利益を得、死後も地獄に堕ちない「現当二世」の仏教民俗信仰であった。しかも尼サンドの満願供養の一端については、つぎの『尼僧了昔の歩んだ途』にもでてくるので、そこからも推測できる。

尼サンドの歩んだ途

まず尼サンドの実態を、先の『尼僧了昔の歩んだ途』から簡略に整理してみると、以下のようである。

一、一年に二回ずつ春・秋に西国三十三度の札所巡礼にでること。
二、毎年暮れに、十人余りの修行僧と同行して那智山に参籠する。この場合、十二月十五日に和歌山市を出発し、同三十一日に那智山執行のひとつ、立方院（実法院の誤りであろう）を宿にしていたという。ただし熊野本願比丘尼は大晦日に、年籠修行をおこなうが（その実態はいまだ不詳である）、那智山の七本願所寺院のどこかに所属していた。しかし尼サンドが、那智一山の執行実法院を年籠修行の宿にしているのは対象的であり、なぜであったかはさらに課題である。

三、二ノ滝で滝修行をおこなったこと。

四、その後、明け方まで普門品三十三巻を唱えること。

五、正月は元旦を休み、二日は大雲取山に登るのが規則であったこと。

六、満願になる前に、西国の各札所寺院に満願供養の招待状を出すこと。

七、満願供養には和歌山市中の寺院から五十人余りを招待したこと。

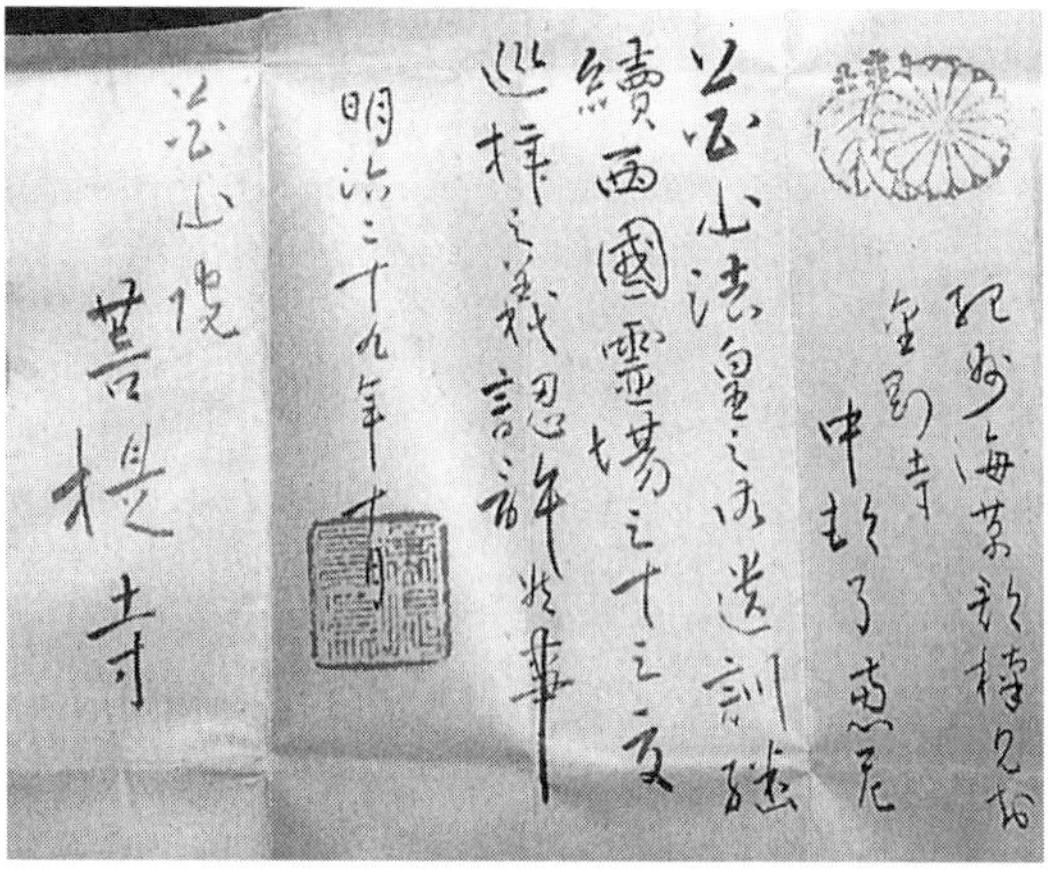

写真34　金剛寺に残る史料（玉城幸男『女性の西国巡礼三十三度行者』〈私家版〉より転載）

八、満願供養は三日間おこなわれたこと。
九、その様相は、白い着物＝死者の衣装を着て棺に入り、生きながら葬式をおこない、その後、力士に背負われて吉田町の園村家に逃げ込んだこと。
十、如来像の前に西向きに寝かされること。
十一、満願供養の三日間、貧しい人たちに施しをすること。
十二、満願供養には二十五俵の白米を消費することなど。

ここには玉城氏が指摘するように、一～五までが「了昔尼が弟子入り後、尼サンドとしての修行」である。また六～十二までは、「西国三十三度後の満願供養の実際」をあらわす伝承である。そしてこの満願供養のあり方は、男性の巡礼行者とほとんど同じ儀礼内容を伝えていることが注目される。つまり尼サンドの満願供養も、「擬死再生儀礼」の宗教的意味をもっており、「生まれ変わり」の庶民信仰・民俗信仰であったことが確認され、重要である。

熊野本願比丘尼との関連性

最後に、尼サンドの問題で検討しなければならないのは、女性の勧進聖、遊行の勧進聖である尼サンドと、先にみた熊野本願比丘尼との関連性の問題である。この課題は、どちらが歴史的に先行するのかといった興味深い問題である。しかも先行研究を整理した玉城氏は、両者の修行形態を中心にして、多くの共通点を見出している。まず、尼サンドの多くが和歌山方面の比丘尼であること、また毎年、比丘尼たちは十二月中旬に和歌山から有田・日高両郡を経て、西牟婁郡に入る。そして本宮・新宮・那智の熊野三山に参詣し、大晦日には那智山の宿である実法院に入る。

結局尼サンドの那智山における参籠修行の中心は、『尼僧了昔の歩んだ途』の三、四にみえる滝修行や、普門品三十三巻を唱える内容であったらしい。この尼サンドの那智山での宿と参籠修行の伝承から、西国巡礼と同聖のつよい影響が認められる。すなわち熊野本願比丘尼が西国巡礼寺院の本願所寺院、つまり那智阿弥の如意輪堂＝青岸渡寺や、他の六本願所寺院を宿として参籠することなどから、西国巡礼の影響を認めていると主張するのを認めてよいであろう。

もっともこの尼サンドの「参籠修行」が伝承といいながらも、はじめて明確になったことは、この分野の研究を前進させるうえで貴重なことといえよう。大晦日の宿とその実態が不明な熊野本願比丘尼の参籠修行も、尼サンドの参籠修行から類推しなければならない。近世・近代以降の尼サンドの存在と伝承は、日本史のみならず、日本宗教史や日本宗教民俗学・日本仏教民俗学の研究に重要な問題を投げかけている。

第六章　近世熊野三山の信仰と民俗伝承

第一節　近世の旅と熊野詣

近世の熊野詣

武家政権による宗教統制がおこなわれた近世の熊野三山は、中世の寺社領荘園とくらべると、わずかの寺社領をあたえられていたにすぎない。たとえば、おなじ紀伊山地の北部に位置する霊場高野山は、この時代に諸大名の総菩提所として存在し、熊野三山の約二十倍もの寺領をあたえられていたことを述べたことがある（豊島修『死の国・熊野——日本人の聖地信仰』）。しかし熊野三山に対する近世の人びとの信仰は、相変わらず中世人と変わることなく継続されていた。それは複数の霊山・霊場に参詣する観光的性格をもち、名所旧跡をめぐる多くの人びとの姿をみることができる。徳川時代における貨幣経済の発展と、街道その他の整備など社会経済的要因のほかに、近世民衆の社会生活や精神生活が向上したことが背景にあったからである。

三浦浄心の『順礼物語』

まず近世前期に、東国の村落から真摯な西国巡礼がおこなわれたことは、旧著で述べた三浦浄心著『順礼物語』にみえている。すなわち「今生後生諸願成就し、めで度人なり」とあるのは、東国の村落における民衆観であり、那智山の如意輪堂を第一番札所とする西国巡礼にたいする民衆の真摯な巡礼がおこなわれていた一面を、ものがたっている。しかも西国巡礼を終わった巡礼者は、無事に故郷に帰ると、称賛と尊敬が与えられた。それがまた、東国の人びとに西国巡礼を兼ねた熊野詣を誘引していたと、述べたのである。あわせてこの時代の熊野詣は、戦国期以来、伊勢信仰におされながらも、熊野信仰は西国巡礼を兼ねておこなわれていたことが重要である。しかし、近世初期以降の具体的な様相については、史料的にも不十分である。

近世の熊野参詣者のルート

つぎに西国巡礼者・熊野参詣者のルートに注目すると、まず伊勢参宮をすませたのち、「伊勢路」の基点とされる「田丸」（現三重県度合郡玉城町田丸）で巡礼の衣装に着替える。そして笈褶を着け、菅笠をかぶる。つまり伊勢参宮の旅から西国巡礼の旅へと性格を変えるのである。そして伊勢本街道と分かれて南北の道をとり、第一章で述べた海辺の「伊勢路」から「大辺路」を通って西に進み、新宮の速玉神社に参詣する。さらに那智の第一番札所、如意輪堂から西国巡礼がはじまる。そして那智神社の奥の院、すなわち妙法山阿弥陀寺の裏山から、中世には熊野路の難関であった大雲取・小雲取（現新宮市熊野町）を越えて「請川」（現田辺市本宮町）に向かう。

さらに熊野本宮からは大日越を通り、古来からよく知られる「湯峯温泉」に入る。あとは赤木越で三越峠に至り、ここから「中辺路」に出て、第二番札所の紀三井寺に向かうのである。

このように近世の西国巡礼ルートが、熊野詣を包摂していたことは重要である。しかしかつて述べたように、近世中期以降になると、その有力基盤が東国（関東以北）の村落出身者から、しだいに熊野三山に近い畿内を中心とする出身者に移行した。畿内を中心とする西国巡礼霊場に奉納された巡礼札の調査結果が、それをよく示している。そうすると熊野街道を通った巡礼者にとっての「心願」とは、何であったのだろうか。

熊野街道・大辺路を通った巡礼者の「心願」とは

この素朴な疑問で、しかも重要な問題に対する史料と研究は、これからの課題として残されているが、最近の研究成果をうかがってみよう。

まず熊野街道・大辺路を生活の場所とした民衆の『道中日記』や、伊勢路沿いの「尾鷲」（現三重県尾鷲市）に残された「尾鷲組大庄屋文書」を検討した塚本明氏の研究によってみたい。まず尾鷲から出立した信仰の旅に限定すると、病気を理由にした西国巡礼の願いが多くみられるという。すなわち両親が大病のため、西国巡礼の祈願をしたところ、回復したというのである。また西国巡礼に出発するとき、病気快癒の祈願を掲げるのが当時の「作法」であったらしい。さらに伊勢神宮に対する庶民の信仰についても、その主眼が外宮の豊受大神、つまり農耕神を中心とする豊穣祈願にあった。それに対して熊野では、不老長寿・再生信仰が意識されていたこと、巡礼者の切なる願いは、西国巡礼霊場の本尊、すなわち「衆生救済」を掲げる観音を巡ることにあったと理解されている。

伊勢神宮にきびしい熊野街道をわざわざ「巡る巡礼」は、観光名所巡りと豊作祈願を目的とする旅だけではない。そこには篤い信仰心があったと指摘するのは重要であろう。

信仰的講と通過儀礼

このほか近世中期以降になると、畿内の町人や農民は信仰的講、たとえば山上講、大峯講、熊野講などの山岳代参講を組織して、紀伊山地の吉野大峯山や熊野三山のほか、なかには関東の秩父の観音霊場などを登山・巡礼する信仰習俗も報告されている。さらにムラの若者や娘組が集団で遠隔地の旅や熊野詣におもむく信仰習俗もみられた。巡礼という「苦行形態」をとる人生の通過儀礼である（豊島修『死の国・熊野――日本人の聖地信仰』）。後者のばあい、青年戒・青女戒の苦行を意味し、それによってムラ人から一人前の労働者とみられたのであった。近世の村落では、どこでも定められていた信仰と習俗である。

その基底には、再生信仰としての「生まれ清まり」、つまり擬死再生儀礼があったと思われる（『同書』）。それは上記の「今生後生、諸願成就」（『順礼物語』）に通ずる信仰であるといえよう。民衆化・観光化した巡礼・参詣が強調される近世民衆の精神生活史研究にあって、この問題は、さらに庶民信仰的な熊野信仰の内実を検討する必要からも、重要な課題のひとつであることを指摘しておきたい。

第二節　氏神熊野神社と近世熊野信仰

鎮守神・氏神としての熊野神社

前節では近世民衆の熊野詣を、歴史的・民俗的な史資料から検討したが、さらに近世の都市や村落に氏神・鎮守神として勧請された熊野神社にたいする信仰は、どうであったのだろうか。京都・大坂・江戸のみならず、諸地域の都市や村落の氏神（鎮守）は、氏子による春秋二季の大祭や、その他の神社の年中行事などをとおして、地域民衆の精神生活（宗教生活）と深い関わりをもっていた。そうした在地の熊野神社をめぐる信仰の様相は、中世のほどに十分な報告がなされていない。その要因のひとつは、中世後期以降に、熊野信仰がしだいに変質・衰退し、戦国期以降伊勢信仰にとって代わられた面がつよいといわれる。もしそうであるならば、近世の都市や村落における氏神熊野神社の実相をさぐり、近世の熊野信仰とは何であったのか、を問わなければならない。

以下では、その具体例を、前章で述べた摂津国尼崎地域の氏神熊野神社とその他にもとめて検討してみたい。

戦国期尼崎地域の熊野信仰と熊野檀那

まず摂津国尼崎地域に、いつごろ熊野信仰や熊野権現が伝播・勧請されたのであろうか。この問題をうかがわせる史料のひとつが、『熊野那智大社文書』（第五）である。

永代売渡旦那之事

一、津之国尼カ崎幷西之宮一円者、我等重代相伝之旦那ニ而候へ共、於有要用代銭壱貫文ニ永ク売渡し申事実正也、此旦那ニあいて何方より違乱申もの有之候ハヽ、我等埒明可申候、為後日うり状、仍而如件、

慶長七年三月六日　　清水作右衛門（花押）

橋爪坊様

本史料は、慶長七年（一六〇二）三月六日付の「檀那売券」（橋爪文書）である。この「檀那売券」によると、戦国末期以前から摂津尼崎と西之宮一円に熊野信仰が伝播されていたこと、さらに両地域一帯には「重代相伝之旦那」が存在していた。この場合、「檀那売券」にみえる「檀那」とは、中世に信仰された霊山・霊場や寺社への参詣と、その宿泊施設に宿泊した信者

をさしている。つまり中世の熊野先達の案内によって、熊野三山へ参詣し、熊野山内で御師の宿坊に宿泊する「熊野道者」の意である。

右の史料は、尼崎地域における「熊野檀那」の文献上の初見と思われるが、十六世紀後期には尼崎地域にも熊野信仰が伝播されていたことはたしかであろう。それは当地域の戦国大名や国人層の熊野神社・熊野堂の勧請による結果なのか、あるいは熊野系の修験・先達による熊野信仰の伝播・浸透なのかは、史料的に判明しがたいが……。

摂津国の熊野信仰の一拠点

しかし中世の摂津国全体をながめると、南北朝時代に熊野信仰が伝播され、当域の熊野先達が国人とその地下衆を有力な檀那とさだめて、彼ら一族を熊野参詣に先導していた。それがおなじ「檀那売券」に収められている。すなわち嘉慶三年（一三八九）三月十二日付の「檀那売券」に、

売券状

合代拾六貫文者、

右件之旦那ハ、本宮般若寺之的場将監重代之旦那ニよって、那智色河白川善阿ニ売渡処実正也、（中略）但、たんなの在所ハつの国手嶋郡尊八若王寺ひき旦那さゝたの一そく地家共、幷栄向寺の引旦那忠のゐん塩河之一族地家共、同池田之一族地家共ニ相違あるへからす候、（後略）

嘉慶三年己巳三月十二日　　　本宮般若寺

将監頼方（花押）

とみえている。十四世紀後期、摂津国豊嶋郡尊鉢（現大阪府池田市鉢塚）にある若王寺（現高野山真言宗）は、当域の熊野信仰の一拠点であった。そして若王子の熊野先達は、当域の国人笹田氏一族とその地下衆を檀那とする師檀関係を有して、彼らを熊野の本宮神社や那智神社に先導していた。

右の檀那と売券を若王子の文献上の初見として、さらに室町時代の「米良文書」には、若王子の熊野先達の宗教的・社会的・経済的活動の一端を散見できる。そうすると戦国期における摂津国の熊野檀那の存在は、十四世紀後期以降の熊野信仰の伝播・勧請の機運をふまえて把握しなければならない。当時の政治的動乱をふまえて、この時代の一族や領国内の守護神として、

表２　尼崎市内の熊野神社

鎮座地	旧社格	神社名	合祀・現在地	近世の祭神
杭瀬村	村社	熊野神社	杭瀬本町一丁目	熊野権現
東長洲村	無格社	熊野神社	長洲中通三丁目、貴布禰神社に合祀	不詳
西難波村	村社	熊野神社	西難波町五丁目	熊野権現
若王寺村	村社	熊野大神社	若王寺一丁目	熊野大権現

（出典：尼崎郷土史研究会編『尼崎の神社』1982年３月発行）

その祭神とともに本地仏が勧請され、宗教的には「現世安穏・後生善処」の熊野信仰をもとめていたと推測される。

近世尼崎の熊野神社断片

近世の尼崎における熊野神社について、文献史料や金石文などから抽出したいが、かならずしも多くはない。そこで『兵庫県神社誌』上巻をおもな史料として、尼崎市内にある神社の主要な石造遺物の調査資料を参考にすると、つぎのような地域に熊野神社が鎮座していた。

「表２」に示したように、市中央部のやや南西部に位置する難波（現西難波）と、同南東部、左門殿川の西岸に位置する杭瀬（現杭瀬本町）、市北東部に位置し、現園田地区に鎮座する若王寺、および旧尼崎町の惣氏神として宮町（現西本町六丁目）に鎮座していた貴布禰神社の摂社末社に、それぞれ熊野神社（熊野権現社）を見出すのみである。このうち最後の貴布禰神社の末社につらなる熊野権現については、史料的に不明であるので、ここでは割愛したい。

若王子村の熊野神社

右の三社の由緒と歴史的変遷については史料的に判然としない。しかし元禄五年（一六九二）の『摂州川辺郡御領分村々吟味帳』（写）に、若王子村の熊野神社がみえている。

一　熊野権現　　宮元現ト

一社　草葺　梁行六尺
　　　　　　桁行五尺

一　境内　四拾六間ニ　二拾五間　御年貢地

一　浄土宗無本寺　　庵主

一　庵　藁葺　梁行三間　　元ト
　　　　　　　桁行四間半

右熊野権現之境内ニ有之

右之通ニ御座候、此外寺社壱ケ所も無御座候、以上

摂州川辺郡若王子村
年寄
嘉右衛門
同村庄や
庄左衛門

年月日

近世中期若王子村に鎮座していた氏神熊野権現社（祭神・イザナミノ命）をさしている。若王子村は近世初期には大部が幕府領で、小部も慶長四年（一五九九）以降は旗本船越氏の知行所であり、村高も近世を通じて五五七石六斗四升であった。ちなみに『兵庫県神社誌』には、村社熊野大神社として氏子五十二戸、例祭は十月十六日と記されている。また右の史料に見える「庵」というのは、もと熊野権現社の別当であった可能性がつよい。

氏神熊野権現社と村人の熊野信仰

つぎに若王子村の氏神熊野権現社と村人の精神生活との関わりが問題となるが、史料からは明確にしえない。わずかに文政十一年（一八二八）の石造遺物に「奉献　氏子中」とあり、同村の氏子が奉納したことを知るのみである。しかし熊野権現に対する民衆の信仰に注意すると、「神事祈願」としての雨乞信仰があった。現神職によると、熊野権現は雨乞いに効験があったといわれ、同村の農民は田植え後に日照りが続くと、雨をもとめて氏神に参籠したという。雨乞い儀礼として氏子社へ共同祈願・共同参籠するのである。この共同祈願と共同参籠によって、農民は農耕生産の加護を熊野権現に祈った。そこに村氏神の守護神である祭神の霊験性・宗教性を見出すとともに、近世若王子村の農民の精神生活に、「神事祈願」の共同性・呪術性・苦行性があったことを推測できる。おそらく同村の農民の、もうひとつの共同祈願である「仏事祈願」にも雨乞儀礼がみられたのであろう。

杭瀬村の熊野神社

つぎに杭瀬村の熊野神社に留意したいと思う。天保九年（一八三八）の『天保九年巡見使御用の留』には、同社の祭神が「熊野新宮権現」とみえている。社伝では、元和年間に本殿が造営されたというのは、同村が尼崎藩領になった時期のことをさすのであろうか。同社の境内には樹齢千年という樹木があり、この樹木の存在からすると、熊野新宮から祭神を勧請した時代は古いと思われる。

安産の信仰伝承

同社の熊野信仰に関わる伝承で注意したいのは、境内の正面右手に「子安の池」があり、氏子がこの池の水を飲むと「安産」になるという。この安産信仰は、すでに中世には熊野新宮の祭神・早玉大神と、那智の祭神・夫須美大神の「両所権現」に「富貴と延命」を祈る熊野信仰があったことと無関係ではない。また那智滝にたいする「長寿・延命」の信仰は、早くは「鳥羽院参御熊野山願文」(『本朝続文粋』)にみえている。鎌倉初期の成立とされる『源平盛衰記』には、花山法皇の那智籠りの伝承をふまえて、「参詣上下の輩、万の願の満釣る《マヽ》事は、(中略)飛瀑の水を身にふるえば、命の長き事は彼の鮑の故とぞ申し伝へたる、」と記されている。同書には安産信仰こそ見えないが、中世以降、熊野那智山大滝(一の滝)の祭神・飛籠権現と、この滝から流れ落ちる霊水(聖水)に延命・長寿の霊験がある、とする信仰があった。

このように熊野本宮の本地仏＝阿弥陀如来の来世信仰や、熊野新宮の本地仏である薬師如来の現世利益信仰とともに、那智滝の聖水にたいする神聖性・霊験性がなければ、熊野三山への多くの武士層や民衆の参詣はみられなかったであろう。そうすると杭瀬村の熊野神社の「子安の池」と「安産」信仰の伝承は、熊野権現の霊験性を付与され、神聖視された「池」とその霊水に関わる信仰であったと考えてよかろう。それは少なくとも、近世以前にさかのぼる信仰と推測される。

西難波村の熊野権現社

最後に、西難波村に鎮座していた熊野権現社に触れておこう。難波という地名は、「旧武庫川の分流河口付近」をさすといわれ、古代以来の地名といわれる。その後戦国期には東と西の村に分離し、元和三年（一六一七）ごろには、河内郡内の村名として西難波・東難波の国高と領主がみえている（『摂津一国御改帳并村名付』）。前掲『兵庫県神社誌』には、熊野権現社の祭神イザナギノ尊以下六体の祭神と、氏子一五〇〇戸とあり、熊野信仰圏が近隣周辺の村落にもおよんでいたことが知られる。

同社の創立は不詳であるが、元禄年間成立の『摂陽群談』には、権現社として「北寺権現と同じ、天平年中行基僧正所祭之也、土俗難波権現と称す」とある。ここでは行基伝承に触れないが、近世中期の人びとが「難波権現」と称していたことに注意しておきたい。

熊野路の海路・難波村と熊野権現社

それとともに杭瀬の所在地を近世の地図で参照すると、先に述べた堀江や難波、あるいは神崎などの諸地域と同じく、往古以来、海浜であったことは注意しなければならない。ちなみに『尼崎志』（第二篇）は、「往昔の宗教文化と海岸文化の合致」した尼崎地域は、このような宗教文化によって発展したことを論じている。さらにこの問題に関係して、難波などの諸地域が、古くは熊野参詣道の海路にあたり、同村の熊野権現は「海路の熊野王子から出発した」（『尼崎志』）という指摘があるのは、大変興味ぶかい。海岸文化といい、熊野路の海路にあたるという推論は、すでに第一章で述べた日本人の生活に根ざした「海の宗教」（海洋宗教）と想定されているのである。

また熊野神社が鎮座する西難波村の景観は、「旧武庫川の分流河口付近」にあたり、そこから導かれる海路の熊野王子説はさらに検討を要する問題である。ここでは「海の宗教」の視点が必要であることを指摘しておきたい。

以上は、西難波村に鎮座する氏神熊野権現社の由来が、少なくとも近世以前に求められることを述べた。そして近世初期の熊野社にまつわる庶民信仰については、村人が奉納した擬宝珠銘に、「敬白摂州難波村神前　奉寄進　元和七辛申年拾月吉　願主水口屋次郎右衛門」とある。また元文四年（一七三九）九月には、同神社の門前に石鳥居が建立され、二十五年後の明和元年（一七六四）にも、石鳥居の願主高岡氏によって、手水洗石鉢が奉納された。

このような神道的遺物群は、十八世紀前期から中期に西難波村に住む有力な氏子と、その縁者である商人によって建立・奉納されたことをものがたる宗教民俗資料である。これによって摂津国尼崎の熊野信仰の実態は不十分であるが、熊野権現の霊験性・宗教性・民俗性が認められる。すなわち若王子村における「神事祈願」としての雨乞い儀礼と、杭瀬村の「子安の池」にまつわる安産信仰に、それぞれ熊野権現信仰が付与され、いずれも庶民的熊野信仰として存在していた。さらに西難波村の熊野神社のように、近世初期から中期に擬宝珠や石鳥居、手水洗石鉢などの建立・奉納があった。

こうした庶民信仰としての村氏神には地域＝ムラの安全と、奉納者の商売繁盛・家内安全などの現世利益信仰があったことを示している。それはおそらく近世の村氏神（ムラ鎮守）にみられる一般的な信仰であっただろう。したがって中世民衆の熊野参詣にみる真摯な信仰実態が、近世期には現実的な生活の信仰に変容したといえよう。しかし、それでも庶民信仰としての熊野信仰のあり方は、近世の村氏神である熊野神社にも見出されるので、さらに地域的な近世氏神である熊野神社の信仰形態を把握しなければならない。

第七章　熊野修験道の文化史的研究

第一節　熊野三山の修験道文化

　すでに第二章以下において、熊野三山の歴史と熊野信仰の「宗教史的研究」の検討をおこなってきたが、このような熊野信仰史研究の展開過程で、あらたに生み出された課題がある。それは熊野修験道の歴史的展開過程に生み出された「文学」、「美術」、「芸能」、「遺蹟」、「伝承」といった修験道の文化史研究の問題が想定される。従来、修験道史の文化史的研究が、政治史や社会経済史にくらべて大変遅れた分野であるという認識にもとづいている。そのうち熊野修験道の「文学」については、縁起、本地物、霊験譚、絵物語、説教、祭文、民間説話などのほか、上皇・法皇、女院などの熊野参詣記や日記類、奉納された和歌などに分類される。また熊野修験道の「美術」という問題については、絵画史料に限定すると、熊野曼荼羅、熊野那智参詣曼荼羅、熊野那智観心十界曼荼羅その他が存在している。いずれも修験道の文化史的研究と指摘された新しい研究課題である。

そこで本章では、熊野修験道の文学と美術に限定して述べることにしたい。まず第二節では、院政期から中世における熊野三山の神仏習合の問題に注目して、その習合的現象を修験道縁起を中心に述べたい。

第二節　「熊野権現御垂迹縁起」と本地垂迹説

日本人の宗教と心の謎

すでに述べてきたように、熊野三山は平安中期以降になると、宗教的聖地（霊場）として神聖視され、院政期には上皇や女院をふくむ院や権門貴族層の熱烈な熊野参詣と、その信仰表出としての熊野信仰を生み出した（第四章第三節参照）。そのありさまを「人まねのくまのもうで」（『玉葉』文治四年〈一一八八〉九月十五日条）と比喩的に記したのは、鎌倉初期の公卿九条兼実である。しかも同日記の治承四年（一一八〇）四月一日条によれば、九条兼実自身も智詮阿闍利を代参者として、熊野三所権現に自筆の金泥経を二度奉納していた。

こうした権門貴族層の熊野参詣という宗教現象は、おそらく近世後期にさかんとなった民衆の寺社参詣、とくに伊勢参詣を凌ぐ爆発的な信仰の旅であっただろう。その意味で、院政期は一種の熊野ブームであったといってよいが、この問題をふくめて熊野三山にはいまだに不明な問題が多い。それは「日本人の心の謎」であり、さらにいえば「日本人の宗教の謎」と考えられる問題である。しかも院政期には、仏教や修験道が深く関わることによって、熊野の謎はいっそう深まったとみられる。したがってこの時期の上皇・女院をふくむ貴族層の熊野参詣については、さらに多くの要因を考えなければならない。ここでは、当時熊野三山には本地垂迹思想にともなう神仏習合の教説が展開していたことに注意したい。

「熊野権現御垂迹縁起」

熊野権現と熊野信仰の様相に留意するとき、熊野権現の神々の由来を記す縁起史資料に注目しなければならない。その理由は、寺社が作成した縁起史料に、その主張したい事柄が表現されているからである。とくに「歴史的縁起」とともに、「物語的縁起」が各寺社の主張を述べていることは、すでに第一章以下で論じてきた。この視点からいえば、もっとも古い熊野の縁起である「熊野権現御垂迹縁起」（以下、「御垂迹縁起」と略称）の存在は重要である。「御垂迹縁起」は、平安後期の伊勢大神宮と熊野権現の同体・非同体説を左右する重要な縁起である。熊野三山の教義書ともいうべき内容をもっているが、他方、熊野権現の御垂迹の縁起とあるのは、熊野修験側の伝承をあつめた縁起であると推測される。

またこの「物語的縁起」の内容は、奥書にみえる「長寛二年」（一一六四）以前の伝承を保持しているのではないかと思われる。同縁起に記す熊野権現の由来を語る内容は、つぎのようである。

まず前半は、これまでもしばしば指摘した「海の熊野」那智・新宮の神の伝承を中心に述べ、「狩人開創縁起」をともなう後半部の「山の熊野」本宮の神の伝承と結びつけている。その意味で、本来、縁起の二面性をしめす「歴史的縁起」とは別に、もうひとつの「物語的縁起」としては、その内容に無理があることになろう。それは熊野本宮（証誠殿）と那智・新宮（「両所権現」）から構成される熊野三山制の成立後に作られた縁起であるからである。しかも同縁起には、本宮の神を「証誠殿」に祭祀したり、三山の神々に熊野権現号を奉るなど、いずれも熊野三山の神仏習合をあらわす本地垂迹説にもとづいていた。とくに本縁起が「熊野権現」の名称をもちいているのは、熊野三山に垂迹した熊野神が、仏は「権に現れた」という権現思想を表現している。これはいうまでもなく、仏がなければ神は存在せず、神がなくても仏は実在しうると説く思想である。仏を本地とし、神を垂迹とする本地垂迹説は、平安中期から末期に諸国の寺社にひろまったと考えられている。

熊野十二所権現

そこでまず、熊野十二所権現についてみると、すでに中御門右大臣、藤原宗忠の日記、『中右記』（同記事は寛治元年〈一〇八七〉~保延四年〈一一三八〉に及ぶ）にみえている。しかし熊野三山の神々に本地仏が配置されたのは、長承三年（一一三四）鳥羽上皇と待賢門院璋子の『熊野参詣記』にみえるのが早い。源師時の日記『長秋記』の長承三年二月一日条によると、院政期の熊野の神格と三山の主神の本地仏を、つぎのように記している。すなわち

証誠（本宮）和名家津王子　本地阿弥陀仏
両所（那智）西宮結宮　本地千手観音
（新宮）中宮早玉明神　本地薬師如来
已上三所

写真35　熊野権現影向図（京都・檀王法林寺蔵）（『熊野もうで』和歌山県立博物館）より転載

とあり、主神・本地仏とともに、若宮、禅師宮、聖宮、児宮、子守（宮）の「五所王子」と、一万、一〇万（金剛童子、勧請一五所、飛行夜叉、米持金剛童子）の「四所明神」の眷属神とその本地仏も記されている。さらに諸神の垂迹形（神影像）も山岳宗教の「三神三容」の一体観にもとづいて、「法体神」（熊野権現）「女体神」（山の神）「俗体神」（狩人）の童形などが定められていた。

こうして十二世紀前半には、熊野十二所権現（熊野那智のみは大滝の飛龍権現を加えて十三所権現）とその本地仏が成立した。この本地垂迹思想によって院政期の熊野本宮「証誠殿」は、阿弥陀如来を本殿に祀り、「阿弥陀の浄土」と想定されることになり、この世において、念仏者や熊野道者の「往生を証明する権現」として信仰されたのである。これ以後、熊野本宮が浄土信仰のメッカとして栄えるのである。さらに「両所権現」として祭祀された那智・新宮も、前者が、観音のいます補陀落浄土の観音信仰として、後者は東方瑠璃光浄土の現世利益的な薬師信仰の聖地となった。

修験道の阿弥陀如来信仰

このばあい、本宮証誠殿に祀られた阿弥陀如来は、一光専念の念仏をあらわす専修念仏の阿弥陀如来でなかったことに注意しなければならない。それは第三章で述べたように、熊野の山中に「浄土」があるという山中他界信仰にもとづいた修験道の阿弥陀如来信仰であったからである。そのことをよく示す一例が、「山越《やまごえ》の弥陀」といわれる掛軸の図である。この「山越の弥陀」は、来迎図の構成をとった鎌倉後期の垂迹画、すなわち修験道美術である。元徳元年（一三二九）の作といわれ、京都・檀王法林寺蔵の「熊野影向図」（写真35参照）がそれである。

この「熊野影向図」には、熊野権現が阿弥陀如来の姿をとって、湧雲の向こうに影向するさまと、それに向かって合掌しながら仰ぎみる主従五人の信者（熊野道者）を描いている。そして「熊野影向図」には、四十八度の熊野詣を「立願」した奥州名取（現宮城県名取市）の老巫女の説話が記されている。

名取の老巫女の説話伝承

この説話の内容を「由緒書」によって、簡略に述べると、奥州名取郡に住んでいた一人の老女は、熊野信仰の信奉者であり、これまで四十七度の熊野参詣を終えていた。しかし七〇歳という高齢のために、常日ごろは名取郡内に勧請された熊野三山を毎日参詣していた。しかし今生の思い出に、最後の熊野参詣を「立願」した。すなわち熊野権現の結縁をもとめて、一族四人に連れられて熊野の那智浜に到着した。そのとき熊野連山の上に紫雲がたなびき、本宮の本地仏阿弥陀如来が影向したので、この尊像を遥拝することができた。これによって老女は四十八度の立願を果したという。

この説話は、中世時衆系勧進聖によって諸国に宣伝されたといわれる。あわせて熊野本宮を阿弥陀如来で代表させ、「弥陀の浄土」とする熊野信仰をよくあらわしている。このような熊野本宮を「阿弥陀の浄土」とする信仰は、おなじ畿内の修験道の聖地、吉野大峯山（金峯山）や高野山の奥の院などでもみられた。

金峯山浄土

たとえば吉野大峯山は、寛弘四年（一〇〇七）銘の金銅藤原道長経筒の発見によってよくしられているが、さらに平安末期成立の史書、『扶桑略記』に収める「道賢上人冥土記」の伝承が重要である。「冥土記」によると、金峯山で修行中、一時絶命した道賢が「冥土めぐり」をして、「金峯山浄土」をおとずれ、浄土を主宰する蔵王権現に遭遇した。そののち道賢は蘇生してこの世に帰ってきたという。これは修験道史研究からいえば、「即身成仏」をあらわす伝承であり、死後の世界、すなわち「他界」をみて、死後の託宣を現世につたえる「巫道」の意味であると理解される。

高野山の「弥勒の浄土」から「弥陀の極楽浄土」へ

さらに紀北の大霊場、高野山が「弥勒の浄土」から「弥陀の極楽浄土」に転換することは、浄土信仰をもたらした初期念仏者、沙門教懐の『高野山往生伝』に代表される、平安末・鎌倉

写真36　下天野六斎講の本尊掛軸（延命寺蔵、『高野山麓の六斎念仏』〔紀伊山地の霊場と参詣道関連地域伝統文化伝承事業実行委員会〈和歌山県教育委員会　文化遺産課内〉〕より転載）

初期の『往生伝』からしることができる。しかも高野浄土の信仰は、中世になると弘法大師信仰に代わられても、民俗芸能「六斎念仏」にのこっている。

すなわち京都とともに、和州の地域に多く残存している六斎念仏「高野のぼり」の詞に、つぎのように歌われている。

いざや　高野へのぼれよ　かるくのぼれよ不動坂の道も　九品の浄土へ　参る身なれば　ナムアイダンボ　ナムアイダンボ　ナムアイダンブツ

いずれも本地垂迹説にもとづいた神仏習合といいながら、実際は霊地の山の神信仰と他界観が仏教と習合して、修験道の阿弥陀如来となった。そして、高野山と連続した山のかなたに「浄土」があるという修験道の浄土信仰となった。

一遍の熊野権現からの神託

このほか時衆教団の祖、一遍（智真、延応元〈一二三九〉〜正応二年〈一二八九〉）が熊野本宮の権現から神託を得たことは、彼の没後十年に記された『一遍上人絵伝』（『一遍聖絵』「口絵」参照）の詞書に記されて周知のことである。これも修験道の阿弥陀如来から神託を得たものと考えてよく、重要な修験道伝承である。それは「修験道的な即身成仏」と指摘されるものである。つまり熊野本宮で「成道《じょうどう》」したという一遍の念仏は、親鸞の説く専修念仏ではなく、「修験道的な呪文としての念仏」であったということになろう。

こうして鎌倉仏教の祖師のひとりである一遍は、「熊野成道」以後、積極的に修験道的な神祇信仰を吸収しながら諸国を遊行回国し、庶民層を中心にして、「南無阿弥陀仏」の念仏札を配る賦算活動を展開していくのである。他方、一遍の賦算に結縁した領主や領民、庶民層は、この六字名号の「念仏札」を受け取ることによって、阿弥陀如来と一体化し、死後は往生することができる、という民俗信仰や庶民信仰の表出をしるのである。

第三節　現当二世の「立願」と熊野信仰

「現当二世」の熊野信仰

すでに述べたように、院政期から中世の熊野三山を遍歴する信仰の旅は、「神仏習合の世界」そのものの遍歴、あるいは熊野の「浄土入り」という指摘がある。それは熊野三山の融和・調和があったといわなければならない。そのために多くの熊野道者は、身分を越えて、まず本宮証誠殿をめざしたのである。それは何度もふれたように、本宮証誠殿に祭祀された本地仏阿弥陀如来によって、現世の安楽と来世の往生が証明されると信じられていたからである。しかも、この「現当二世」の安楽と往生を証誠大菩薩に保証してもらう熊野信仰は、中世の五説教のひとつ、「小栗判官」でも語られている。すなわち熊野本宮へ詣でた小栗判官が湯峯温泉の湯壺に入ると、熊野権現が山伏の姿であらわれ、二本の杖を渡す。そして杖の由来がつぎのように語られる。

いかにきゃくそう《客僧》、此つゑ《杖》になんぼうゆらい《由来》のましますなり。一本は音無川にながすれば、死後冥土におもむくときの、弘誓《ぐぜい》の船とうかぶ也。また一本の杖をついて麓に下向すれば、侍は所りよう《領》をえ《得》、これほど目出度つゑ《杖》であることか、……

ここには一本の杖を音無川に流して死後の往生を祈り、もう一本の杖をついて都に帰れば、現世の幸福を得ることができるという熊野信仰の儀礼をものがたっている。この現世・来世の苦痛からのがれることが、中世の武士や民衆の切実な願いであったからである。このような「現当二世」の熊野信仰は、広く東国まで広められたが、それは開祖一遍につらなる時衆および時衆系聖の唱導勧進によっている。

もっとも右の説教「小栗判官」より早い承元四年（一二一〇）に、後鳥羽院の女院修明門院が熊野中辺路の「発心門王子」において、熊野先達からあらたに付与された金剛杖の記事が、『修明門院熊野御幸記』（『神道大系』神社編43「熊野三山」所収）にみえている。この点に注目された山本ひろ子氏は、都に帰るためのもう一本の杖とは、「下向と富貴」の保証という現実的な機能とは別に、熊野本宮に到るもうひとつの古道、「中辺路」に設けられた王子の「発心門から次々と門をくぐり菩提」へ到達するための「成仏」の標であると推論している。これは南北朝期の成立である『金峯山秘密伝』にみえる熊野詣を、「浄土入り」と理解する氏の立場からの立論であり、大変興味ぶかい。

熊野信仰の立願

ともあれ熊野信仰の「立願」を適えさせたのは、すでに述べた熊野本宮証誠殿の阿弥陀如来の「託宣」であった。このような熊野信仰は、鎌倉末期の勅選歌集『玉葉和歌集』（二十、神祇歌の「詞書」）にも、熊野本宮の神の啓示を聞いた神詠が載せられている。それによると武蔵国に住むひとりの庶民は、熊野詣の旅にでて、本宮証誠殿の御前に通夜して「後の世のこと」を祈ったが、それは夢の中に示された。すなわち「色ふかく　思ひけるこそ　うれしけれ　もとのちかひ（誓）を　さらに忘れじ」という夢告があった。そして「後世安楽」を祈り、証誠大菩薩の託宣（夢告）で適えられたのである。

このほか別の「詞書」には、筑紫国にいた三歳の子供が病気になり、日数が経つのでその親が嘆いていて、熊野へ参詣する願書を書いた。しかし熊野権現の立願を怠ったため、子どもが七歳になっても重病は続いていたが、次のような託宣があった。

待ちわびぬ　いつかはここに紀《（来）》の国や
　むろ《（牟婁）》のこほり《（郡）》は　はるかなれども

　この神詠から、つぎのような熊野信仰を読みとることができる。熊野権現（証誠大菩薩）に対する立願の虚言は、かならず神罰を蒙ると信じられていたことである。そのため熊野本宮の証誠大菩薩に立願が適えば、かならずお礼の「願果たし」をしなければならなかった。いわゆる願果たしの旅であり、それが中世の巡礼であった。

　中世後期以降、広く庶民の熊野詣が増大していく宗教的要因のひとつとして、右に述べた「立願」と「願果たし」があったと考えられる。そこには重病人の存在という現実問題が中世社会に横たわっており、その命を助けたいと願う中世人の切実な祈りをくみとることが必要である。

　この意味で熊野詣の伝播・浸透には、立願がきわめて大きな要素をなしていたことが理解されよう。院政期から広く中世の村落や島々には、一日または半日行程で巡るミニチュア化した熊野三山信仰がみられるが、それも熊野信仰の伝播・浸透と、立願の一変形として注意しなければならない。

第四節 「本地物」の宗教性と唱導性

熊野信仰のミニチュア化現象

以上述べたように、平安中期から浄土信仰の高揚と熊野修験道の成立にともない、神仏習合が成立し、習合的な信仰の聖地となった熊野三山を参詣（巡礼）する宗教現象が知られるようになった。しかも熊野参詣にともなって熊野信仰が全国に流布・展開した中世に、その信仰圏が諸国にまで及んでいった。この問題に早く注目した研究者のひとりに、民俗学の祖柳田國男氏がいる。柳田氏には『平家物語』巻二の「鬼界が島」への熊野三山勧請をはじめとして、貴重な研究がみられる。そのうちミニチュア化・村落化した熊野三山信仰の歴史的・宗教的要因については、すでに別稿で述べたが、さらに現在の修験道史研究では、中世以降熊野信仰の全国的な伝播・浸透過程で、「熊野の美術」「芸能」「文学」が豊富に生み出された。

たとえば「熊野の美術」については、既述した熊野三山の神仏習合の世界を「曼荼羅」にあらわし、神仏像を描くことがさかんにおこなわれた。また熊野の「文学」の面では、熊野三山の縁起や神仏の本地を語る文芸の出現などがあげられる。前者は、これまで「垂迹美術」と規定されたが、修験道史研究の立場からは、修験道縁起と把握すべきである。また後者も、熊野の神仏の宗教性・唱導性を強調する「本地物」に代表されている。そのうち「本地物」とは、本地垂迹思想の影響をうけて生み出された小説や語り物をいう。それはお伽草子系統の作品をさし、さらにひろく説教節や浄瑠璃などの語り物もこの範疇にふくまれる(『日本国語大辞典』)。

先にふれた五説教のひとつである「小栗判官」は、中世にもっとも流行した説教節であった。こうした本地物は、これまでも文学として「室町時代物語集」、あるいは「室町時代小説」の範疇にふくめて検討されている。しかもつぎに述べる「熊野の本地」に代表されるお伽草子類は、すでに指摘されているように、寺社の縁起や神仏の本地を語り、人びとに熊野信仰を勧めることが目的であったと考えられる。

「熊野の本地」

このような視点から「熊野の本地」に注目すると、その一例である大阪杭全《くまた》神社蔵本の末尾に、つぎのような「功徳文」がみえているのは注意されねばならない。

此くまの《(熊野)》、ほんかい《(本懐)》をもち、しん《(信)》する人は、くまの《(熊野)》へ日ごと《(毎)》に、まいるにむかふ《(向)》へしと、御たくせん《(託宣)》なり。かみ《(神)》はほんし《(本地)》をあらはし申しせば、御よろこひのまゆを、ひらきたまふなり。ゆめ《(夢)》うたかいたまふへからす。

また奈良絵本「くまのの本地」(吉梢堂文庫本)にも、末尾につぎのような「功徳文」がみえている。

このさうし《(草子)》を一と《(度)》よ《(読)》みたてまつれば、一と《(度)》くまの《(熊野)》へまいりたるなり。二と《(度)》よめば二と《(度)》にあたり、五と《(度)》十と《(度)》よみたてまつれば、たびたびくまの《(熊野)》へまいるうちなり。(中略)もんもう《(文盲)》ならん人には、いかにもこのほんち《(本地)》をよみて、ちやうもん《(聴聞)》せさつれば、こんしやう《(今生)》にもかな《(叶)》いて、みらい《(未来)》もあくしよ《(悪所)》へをと《(落)》し給はず、みち《(導)》びき給ふ也、

写真37　熊野の本地（大阪・杭全神社蔵）

この「熊野の本地」の諸本については、松本隆信氏の研究に詳しいのでそれに譲るが、これら諸本の末尾にみられる「功徳文」は、それまでの縁起唱導の「語り」が読本化されたときにつけられたといわれ、本来「語り」であったと考えられる。すなわちお伽草子の本地物が「縁起」であると認められたときに、はじめて「熊野の本地」が本地物として把握されたといえよう。

「熊野の本地」の内容

ところで鎌倉末・南北朝期に成立した「熊野の本地」は、『神道集』所収の「熊野権現ノ事」と、右にふれた『御伽草子』所収のものが代表的なテキストである。いま『御伽草子』（日本古典文学大系本）所収

「熊野の本地」によって、この物語の内容にふれてみよう。

インドまかた国の善財王の千人の后のうち、王が寵愛した五衰殿に住む女御が一子を懐妊した。すると他の女御は陰謀をめぐらして五衰殿の女御を殺害した。女御は臨終にさいして王子を出産し、王子は狼虎にもまられて成長する。その後、王子は女御の叔父（兄）のちけん上人（高僧）に拾われて王宮に帰り、父親と対面する。ここで五衰殿の女御は蘇生し、めでたしとなるが、王子は無常を感じて王位を捨て、父王・女御とともに神国日本に飛来した。これが熊野の神としてあらわれたので、大王は本宮証誠殿の阿弥陀如来になる。また五衰殿の女御は那智の本地仏である観音の化身となり、那智・結宮の両所権現とし、王子は若一王子としてあらわれたという。

この物語は、子を山中に捨てて熊野三山をめぐる話、すなわち山中異常誕生譚の熊野唱導の型である。先にふれた『御垂迹縁起』の天台山王子垂迹伝承とは異なる。その意味から『御垂迹縁起』は、先に推論した修験系の縁起譚であり、それに対して「熊野の本地」は熊野比丘尼系の縁起物語として存在したのであり、いわば別系統であることが諒解される。しかし『神道集』所収の「熊野権現ノ事」では、既述した渡来伝承や、狩人が熊野権現を感得する伝承なども引用されており、『御垂迹縁起』の影響をうけていることは間違いないものと思われる。

熊野の「縁起」の特徴

すなわち「熊野の本地」は、熊野の縁起またはその唱導効果をねらって絵巻物化したもので、その特徴を問えば、物語に複雑な筋書きがみられることにあるといえよう。しかもこの筋書きを「エキゾチックに盛りあげ」る必要性から、「舞台をインドや中国に設定したもの」と推測されることは重要である。それは「熊野の本地」のみならず、それよりも古く成立した『御垂迹縁起』も例外ではないのである。ひるがえって、既述した「熊野の本地」も、そのエキゾチシズムの必要性から、舞台をインドに設定されたのではないかと思われる。「熊野の本地」が「幻想的、伝奇的な内容」を有するといわれるのは、そのためである。それはまた、御伽草子の発生に関わる問題をふくんでいることに注意しなければならない。

このように「熊野の本地」ひとつをとりあげても、多くの問題が存在していることが理解されるのである。

第五節 「熊野那智参詣曼荼羅」の絵解き

「寺社参詣曼荼羅」の系譜と成立

最後に、熊野信仰の唱導・勧進をおこなうためのテキストとして、「修験道美術」の範疇に属する作品のひとつとして「寺社参詣曼荼羅」があったことに触れたい。

「寺社参詣曼荼羅」（以下、「参詣曼荼羅」と略称）は、すでにしられるように、さまざまな要素をもった宗教画をさす。その系譜も宮曼荼羅のほか、本地仏や垂迹神、あるいは本地垂迹曼荼羅の影響下にあること、さらには中世の掛幅縁起絵や近世初期風俗画の関連もあることなどが指摘されている。その成立時期については、十六世紀から十七世紀の間に制作され、この一世紀の間に宗教的意味をもつようになった。さらに近年は「熊野那智参詣曼荼羅」のように、近世に入ってからも多数の寺院・神社などに所蔵された参詣曼荼羅が発見・報告されている。

参詣曼荼羅制作の根拠

ところで中世後期から戦国期に、参詣曼荼羅が数多く制作されたのは、この時期に熊野三山

写真38　補陀落渡海船（熊野那智参詣曼荼羅・部分）（小来栖健治『熊野勧心十界曼荼羅』〈岩田書院〉より転載）

やその他の寺社領荘園が変質・衰退したことが大きい。そのため多くの寺社はそれに代わる経済的利益、つまり寺社の造営・修理や法会、生活その他の費用などを、都市や村落で勧進活動をおこない、身分を超えた結縁者の喜捨に求めようとした。熊野三山の勧進聖や熊野願職比丘尼・山伏、本願聖などがその勧進をおもな職能として、参詣曼荼羅や牛玉宝印などを持ち歩き、「絵解き」をおこなったことはすでに述べたとおりである。そして神仏の霊験を唱導して、結縁者に熊野参詣を勧めるとともに、勧進に結縁する宗教的・社会的作善（善行の意）があることを説いたのである。いわば熊野三山の唱導者である。特に熊野本願比丘尼が「地獄絵」と称した「熊野観心十界曼荼羅」や、那智一山の宗教世界を描いた「熊野那智参詣曼荼羅」を携行して、結縁者に絵解き・唱導したことが把握されている。

「熊野那智参詣曼荼羅」の魅力とは

では「熊野那智参詣曼荼羅」に代表される参詣曼荼羅が、多くの人びとをひきつけたのはなぜなのか。この問題について福原敏男氏はつぎのように説明している。まず参詣曼荼羅は「空間的にコスモロジーを表現している」だけではなく、時間的にもその霊場の発祥と展開を述べるなかで、「奇蹟や霊験譚」が寺社の景観の周辺で織り込まれていた。参詣曼荼羅の主役が、そこに描かれた時代の参詣者であることなどの理由からである。つまり階層・身分をこえて男女が混然一体となった宗教世界（霊場）の様相を、画面をとおしてみるものに訴えるからであろう。

また「熊野那智参詣曼荼羅」のばあいは、実際に熊野那智山の本願職、つまり勧進をおこなう権利を有した熊野本願比丘尼・熊野本願山伏などの勧進聖が、熊野権現に結縁する功徳を説きながら、その宗教的世界を絵解きしていた。その対象者は、女性を主とする民衆であり、彼

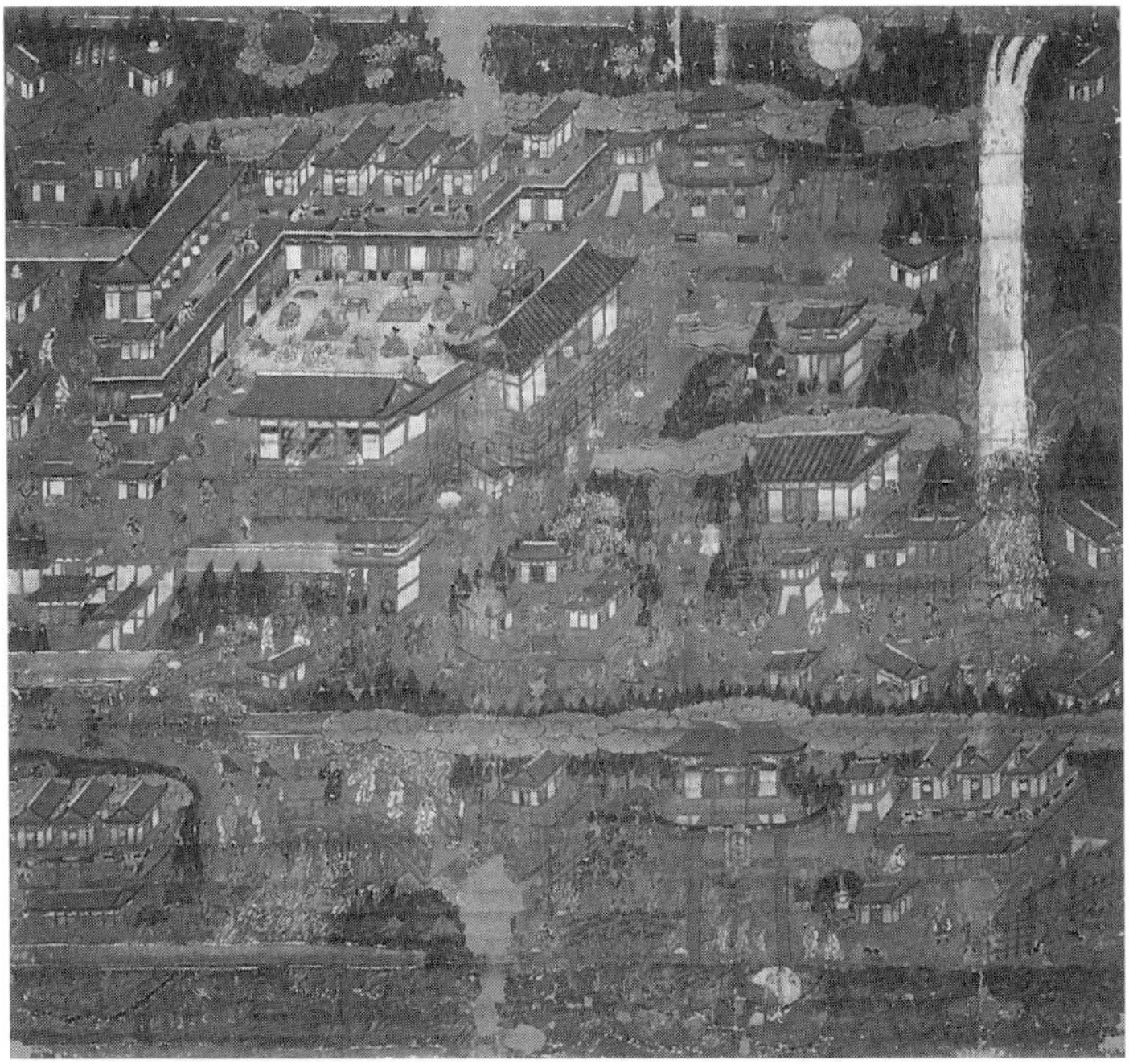

写真39　熊野那智参詣曼荼羅（小来栖健治『熊野勧心十界曼荼羅』〈岩田書院〉より転載）

らに勧進の結縁と宗教的・社会的作善行を促したのである。

「熊野那智参詣曼荼羅」の構図と内容

簡略にいえば、「熊野那智参詣曼荼羅」の画面上部にみえる日輪・月輪をはじめとして、那智一山の参詣路、那智神社の諸社殿と、隣接する如意輪堂（西国三十三所観音札所寺院の第一番霊場）、那智神社の奥の院である妙法山阿弥陀寺のほか、補陀落世界＝観音浄土をめざして渡海する補陀落渡海上人と補陀落船などは、霊場那智山の宗教世界、すなわち中世の熊野修験道の世界をよくあらわしている。さらに那智滝（一の大滝）の図では、『平家物語』（巻五）にみえる文覚上人の荒行と、二童子による大滝からの救済と蘇生の場面がよくしられている。さらに斎庭における上皇の参拝などは、那智山を霊場（聖地）たらしめる縁起と諸行事に結ばれるのである。いずれも熊野那智山の本願比丘尼・本願山伏の絵解きに結縁する人びとを、魅了せざるをえない構図であったことだけはたしかである。

第六節　「熊野那智参詣曼荼羅」と他の熊野絵画史料との比較

絵画史料との比較

そこで「熊野那智参詣曼荼羅」は、それに先行して制作された「宮曼荼羅」「熊野御幸図」などの絵画史料と比較すると、どのようなことが考えられるであろうか。

この問題について、福原敏男氏はつぎのように説明している。まずその特徴の第一は、「宮曼荼羅」、「熊野御幸図」などが熊野三山をあらわす構図に対して、「熊野那智参詣曼荼羅」は文字どおり那智山だけを描いているという違いがあること。それはどうしてであろうか。この問いについても福原氏は十五世紀以降、熊野三山の勧進聖の宗教的・社会的活動をとおして、那智山が西国三十三所霊場の第一番札所寺院（＝如意輪堂）になったことを重要視している。その理由は、この時期に庶民層をまきこんだ西国巡礼がさかんになり、熊野詣は西国巡礼をも兼ねるという宗教現象が起こったからである。そうした状況が絵画史料にも反映され、対象の相違としてあらわれていると主張する。しかしこの問題は、さらに文献史料をふまえて詳細に検討する必要がある。

第二点は、「宮曼荼羅」が那智の仁王門から上の境内を描くのに対して、「熊野那智参詣曼荼羅」は「海から那智滝までより広い宗教世界」、「コスモロジー」を表現している点にある。この問題について、鈴木昭英氏も若王子神社伝来の「熊野御幸図」などは、「宮曼荼羅」の参詣風俗の部分を拡大描写したもので、その系譜につながり、発展したものといわれる。

すなわち美術史の立場からいえば、「宮曼荼羅」から「熊野那智参詣曼荼羅」へという変化は、那智山を聖地たらしめる「清浄観《しょうじょう》」の喪失という理由からだけではないらしい。それは絵画史料の性格をあらわす「宗教画」から「世俗画」への変質ということらしい。しかもそれだけではなく、熊野那智の海と山に隠された古代宗教の神秘観、熊野修験道の精神まで失ったものではないだろう。むしろその神秘観や修験道の精神などが、熊野本願山伏、熊野本願比丘尼の絵解き・唱導をふまえて、熊野三山のなかでも那智山に多くの熊野道者をひきつけた要因ではないかと思われる。

以上、熊野三山の本地垂迹説にもとづいた「神仏習合」に視点をおいて、その習合的現象を概観してみた。院政期から中世にかけての熊野信仰の本質をたしかめようとしたが、残された課題も多い。しかしこの時期に、熊野三山の神仏習合なくして熊野参詣の興隆や、来迎図の構成をとった垂迹図、熊野参詣曼荼羅などの修験道美術と「本地物」に代表される修験道文学の作品などを説明することはできない。さらに中世民衆の熊野参詣の一要因に、「立願」と「願果たし」があったが、これも熊野参詣が「神仏習合の世界」を旅する宗教現象であったことに起因している。その意味で中世の熊野信仰の実態とその本質を究明するには、仏教とくに浄土教信仰とともに、熊野修験道の内実を再確認する必要があろう。

このほか本宮の熊野権現からうけた一遍の神託について、「修験道的な即身成仏」説に賛同したが、この問題はさらに史料的・思想史的な論証が必要であることなど、なお課題が残されている。

おわりに

本書は、日本人にとって「熊野信仰とは何であったのか」という問題を考えるために、平安中期以来、大霊場であった熊野三山の歴史と、その展開過程で生み出された熊野詣の様相や、信仰表出としての熊野信仰、および熊野信仰と深い関わりをもつ文化的側面を中心に述べてきた。最後にその概要をまとめておきたい。

第一章「熊野修験道史への展望」では、平安中期から後期に、突然上皇や貴族層の熊野御幸(熊野詣)が生み出される以前に何があったのかを問題とした。そこでまず古代の「三熊野」の問題をふまえて山岳宗教・山岳信仰の成立と同じく、海洋宗教・海洋信仰の担い手である「山岳海辺宗教者」の活動が重要であることを指摘した。彼ら海の修行者の「辺路」修行が先行して、平安中期以降の熊野御幸・熊野詣という宗教現象を生み出す契機になったのである。この「山岳海辺宗教者」の様相は、第三章でさらに詳細に論じている。

第二章「熊野信仰の宗教史的・文化史的研究」では、熊野をふくむ修験道の研究が他の学問分野に与える影響が大きいこと、さらに熊野修験道の展開過程で生み出された熊野参詣と熊野信仰の宗教的・文化的要素の重要性を論じた。

第三章「熊野信仰史研究の諸問題」では、熊野三山の自然的・歴史的景観をふまえて、第一章で述べた古代熊野地域の海洋宗教の様相を、海辺の路である大辺路とその辺路信仰の事例を詳細に述べた。あわせて紀伊半島の大辺路と海辺の王子・王子社の重要性をとりあげ論じた。この王子神を祭祀する王子社では、古代海洋宗教の実践行である「めぐり行道」などの苦行がおこなわれており、この古代的な「めぐり行道」は他地域の霊山・霊場でも同様に展開されていたことを論じた。

第四章「古代・中世の熊野三山信仰」では、まず初期熊野修験道の成立を取り上げ、展開する熊野三山の「山の宗教」である本宮の聖地化の問題を考えた。それをふまえて平安中期以降の熊野御幸と熊野信仰の様相を述べたが、その背景には末法思想の展開のみならず、修験道の永正（永遠）信仰があったことは重要である。さらに熊野信仰の伝播と民衆化の問題では、在地の熊野先達と三山を生活と宗教の場とした熊野御師の協力が大きな要素であったことにふれ、それによって熊野三山側の経済的効果が求められた。また熊野権現（神・仏と本地）に祈願する参詣者の信仰内容には、「滅罪」と「作善」という信仰がつよかった。さらに中世の二度にわたる内乱ののち、諸地域の熊野先達が荘園内に「熊野講」を結成、領民を熊野三山に案内して、熊野信仰の民衆化に果たした役割が大きいと思われることを論じた。

第五章「中世後期の熊野三山と信仰」では、皇族・貴族層の熊野参詣の時代から武士の世界になったが、熊野三山の旅は継続された。とくに在地の荘園を管理する武士層が、外来神の熊野神を荘園鎮守として勧請し、上層農民なども熊野の「旦那」として熊野信仰を受容していた。

そのほか十六世紀以降になると、熊野信仰の布教・伝播者であった「本願」という勧進聖が三山に組織化され、寺社造営の勧進や生活資糧の確保などのために活発な宗教活動が展開している。そこでは本願の内部構造の問題と勧進活動の様相の具体例を、本願那智阿弥と西国巡礼行者を中心に論じた。さらに従来、まったく知られていない女性の宗教者である、西国三十三所巡礼行者の「尼サンド」の実態と、尼サンドと熊野本願比丘尼の関係性を修行、勧進などをとおして論じた。

第六章「近世熊野三山の信仰と民俗伝承」では、近世期に展開した民衆の熊野詣の様相を、熊野参詣のルートと民俗、熊野地域の村々の巡礼者の「心願」の実態や、信仰的な参詣講と通過儀礼などに留意し、さらに畿内の氏神熊野神社と近世の熊野信仰について述べた。

第七章「熊野修験道の文化史的研究」では、熊野三山信仰の展開過程に表出した「修験道文化」という新しい視点から、熊野の修験道文化を述べた。そこでは早い時期に、熊野修験道の阿弥陀信仰や熊野権現の神託（託宣）が重要な問題であった。修験道文化としての「美術」には、「熊野参詣曼荼羅」・「熊野観心十界曼荼羅」の絵解き・唱導が、寺社造営その他の勧進にともなっておこなわれ、両曼荼羅の構図と内容などに注意した。また修験道「文学」では、早い時代から熊野三山の「物語的縁起」が作成された。この「物語的縁起」は熊野修験に語られることによって、熊野信仰の展開に重要な働きをしたと考えられる。さらに「修験道文化」としての「芸能」では、平安期に熊野本宮の延年芸能（神楽・田楽・念仏などの総合芸能）が断片的な文献史料にみえるが、さらに那智一山の年中行事である六月の火祭り行事と田楽などにも留意しなければならない。これら熊野修験道の文化一般の問題については、これからの課題として残されているものが多い。

本書で述べてきた「熊野信仰とは何か」という問いに対する答えを、どこまで明らかにしえたかは心もとない。つきつめれば熊野信仰の内容が多様であることに起因しているからである。ここで取り上げたのはその一部に過ぎない。しかし熊野詣が成立する平安中期から中世・近世期に展開した長い時間のなかで、熊野三山の祭神と本地仏、あるいは熊野権現に救いをもとめる多くの人びとは、身分・階層を越えて遠方から、はるばる熊野三山への旅をおこなった。それは熊野詣が「苦行」であるという論理にもとづいており、伊勢路と紀伊路のどちらの古道を歩いても、熊野権現の功徳を得ることができたのである。それを宗教的・信仰的にいえば、熊野の神仏に「立願」して、死者供養と現世利益信仰を得ることが目的であった。とくに中世期には、目に見えない悪霊や罪穢をほろぼす滅罪信仰と浄土信仰が人びとの心をとらえていた。それがまた修験道文化に反映され、修験道美術・芸能・文学など生むこととなった。

こうした熊野信仰の成立と展開の背景には、諸国に熊野信仰を伝播した熊野三山の宗教者である山伏・修験や聖《ひじり》宗教者の活動が大きい。とくに中世後期以降になると、荘園経済の変質によって三山の経済権は聖宗教者の回国遊行と勧進に依存せざるをえなくなった。さらにこの時期には本願所が三山で組織化され、そこに属した「本願」という勧進聖の活動が展開した。つまり三山の寺社造営などの金品を得るために、都市や村落の人びとに勧進唱導する熊野本願比丘尼・山伏の存在が重要な役割をになった。具体的には、「参詣曼荼羅」や「観心十界曼荼羅」などの絵画史料を所持して、人びとの往来の激しい神社や個人の家々で絵解き・唱導した宗教活動が注意される。

最後に現代の熊野参詣はどうかといえば、熊野三山が世界遺産に登録されて以降、どちらかといえば観光的な旅が多くみられる。そのなかでも中辺路や大辺路の古道を、少しの距離でもよいから「歴史の道」「文化の道」を自分の足で歩く、現代風の熊野詣がさかんである。日本人の郷里からなくなった自然と歴史、および文化の側面を熊野で手に入れようと思う人びとが多いからであろう。熊野を訪れる人びとが、自己の心をより豊かにしたいと願う気持ちが横たわっているように思われる。

引用・参考文献

第一章　熊野修験道史への展望
・五来　重『熊野詣――三山信仰と文化』淡交新社　一九四二年
・同　「熊野神話と熊野神道」『山岳宗教史研究叢書』一五「修験道の美術・芸能・文学（Ⅱ）」所収、名著出版、一九八一年
・同　「修験道の修行と宗教民俗」『五来重著作集』第五巻所収、法藏館、二〇〇八年
・同　「平安時代の熊野」『熊野市史』上、熊野市、一九八三年
・同　「根の国と海洋宗教」『現代思想』七、青土社、一九八四年
・宮家　準『熊野信仰』『民衆宗教史研究』二一、雄山閣、一九九〇年
・同　『熊野修験』「日本歴史叢書」四八、吉川弘文館、一九九二年
・同　『修験道――その伝播と定着』法藏館、二〇一二年

豊島　修『熊野信仰と修験道』名著出版、一九九〇年
・同『死の国・熊野-日本人の聖地信仰-』講談社現代新書一一〇三、講談社、一九九二年
・同『熊野信仰史研究と庶民信仰史論』清文堂、二〇〇五年、
・同「忘れられた歴史と宗教-紀伊半島の辺路と王子研究」『大谷学報』第八十五巻第二号、大谷学会、二〇〇六年

第二章　熊野信仰の宗教史的・文化史的研究

・滝川政次郎『熊野』地方史研究所、一九五七年
・近藤喜博「熊野三山の成立」『熊野』所収、地方史研究所、一九五七年
・宮地直一『熊野三山の史的研究』国民信仰研究所、一九六四年
・児玉洋一『熊野三山経済史』有斐閣、一九四一年
・宮家　準『山伏-その行動と組織』評論社、一九六七年
・同『熊野修験』「日本歴史叢書」四八、吉川弘文館、一九九二年
・村山修一『山伏の歴史』塙書房、一九七二年

・新城常三『新稿　社寺参詣の社会経済史的研究』塙書房、一九八三年
・五来　重『修験道入門』角川書店、一九八〇年
・小山靖憲『熊野古道』岩波書店、二〇〇〇年
・小山靖憲・笠原正夫編『南紀と熊野古道』吉川弘文館、二〇〇三年
・小山靖憲『吉野・高野・熊野をゆく』朝日出版社、二〇〇四年
・山本殖生構成『熊野　異界への旅』『別冊太陽』平凡社、二〇〇二年
・阪本敏行『熊野三山と熊野別当』清文堂出版、二〇〇五年
・図　録　和歌山県立博物館編『熊野もうで』同博物館、一九八五年
・図　録『西国三十三所　観音霊場の美術』大坂市立美術館、一九八七年
・図　録『役行者と修験道の世界』大坂市立美術館、一九九九年
・図　録『熊野速玉大社の名宝』和歌山県立博物館、二〇〇五年
・図　録『熊野・那智山の歴史と文化——那智大滝と信仰のかたち——』和歌山県立博物館、二〇〇六年
・図　録『熊野本宮大社と熊野古道』和歌山県立博物館、二〇〇七年
・図　録『熊野三山の至宝——熊野信仰の祈りのかたち——』和歌山県立博物館、二〇〇九年

第三章　熊野信仰史研究の諸問題

・五来　重「根の国と海洋・宗教」『現代思想』七、青土社、一九八四年
・　同　『遊行と巡礼』角川書店、一九八九年
・　同　「修験道の修行と宗教民俗」『五来重著作集』第五巻所収、法藏館、二〇〇八年
・桑原康宏「熊野街道『辺路』私考」『和歌山地理』二二号、二〇〇二年
・小山靖憲『熊野古道』岩波新書、二〇〇〇年
・豊島　修『死の国・熊野——日本人の聖地信仰——』講談社現代新書一一〇三、講談社、一九九二年
・　同　「忘れられた歴史と宗教——紀伊半島の辺路と王子研究——」『大谷学報』第八十五巻第二号、二〇〇六年
・武田和昭『四国辺路の形成過程』岩田書院、二〇一二年
・宮家　準『修験道——その伝播と定着』法藏館、二〇一二年

第四章　古代・中世の熊野三山信仰と修験道

・児玉洋一『熊野三山経済史』有斐閣、一九四一年
・近藤喜博「熊野三山の成立」『熊野』所収、地方史研究所、一九五七年
・宮地直一『熊野三山の史的研究』国民信仰研究所、一九六四年
・五来　重『熊野詣 - 三山信仰と文化』淡交新社、一九六七年
・萩原龍夫『巫女と仏教史――熊野比丘尼の使命と展開――』吉川弘文館、一九八三年
・和田萃編『熊野信仰――熊野詣・修験道』筑摩書房、一九八八年
・小山靖憲『中世寺社と荘園制』塙書房、一九九八年

第五章　中世以降の熊野三山と信仰

・『四日市市史』第十六巻別冊「善教寺文書」四日市市、一九九四年
・根井　浄『補陀落渡海史』法藏館、二〇〇一年
・山本殖生構成『熊野　異界への旅』（『別冊太陽』）平凡社、二〇〇二年
・熊野本願文書研究会編『熊野本願所史料』清文堂出版、二〇〇三年
・鈴木昭英「熊野本願略史」『熊野本願所史料』所収、清文堂出版、二〇〇三年
・豊島　修「熊野三山の庵主・本願寺院――新宮紙倉本願妙心寺文書の検討――」『大谷学報』第

八〇巻第一号、大谷学会、二〇〇〇年
・同　『熊野修験道史研究と庶民信仰史論』清文堂出版、二〇〇五年
・同　「忘れられた歴史と宗教――紀伊半島の辺路と王子研究――」『大谷学報』第八十五巻第二号、二〇〇六年
・マンフレッド・シュパイデル「日本の巡礼地」『a＋u』一九七五年
・玉城幸男『女性の西国巡礼三十三度行者――尼サンドについて――』個人出版、一九九三年
・小嶋博巳「めぐりと巡礼――巡礼をめぐる仏教と「民俗」――」田中宣一先生古稀祈年編集委員会編『神・人・自然――民俗的世界の相貌――』慶友社、二〇一〇年

第六章　近世熊野三山の信仰と民俗伝承

・宮家　準『熊野修験』（「日本歴史叢書」四八）、吉川弘文館、一九九二年
・櫻井治男「道中日記から読む伊勢参宮――参宮人々とそのプロセス――」『悠久』第九二号所収、二〇〇六年
・原　淳一郎『近世寺社参詣の研究』思文閣出版、二〇〇七年
・塚本　明「巡り続ける江戸時代の旅人たち――熊野街道沿いの地域史料から――」『熊野学研

究』創刊号、二〇一〇年
・小嶋博巳「めぐりと巡礼――巡礼をめぐる仏教と民俗」田中宣一先生古稀祈年委員会編『神・人・自然――民俗的世界の相貌――』所収、慶友社、二〇一〇年
・豊島　修『熊野信仰と修験道』名著出版、一九九〇年
・同『死の国・熊野――日本人の聖地信仰――』（講談社現代新書一一〇三）一九九二年
・同『熊野信仰史研究と庶民信仰史論』清文堂出版、二〇〇五年
・同「飯道山修験道の成立と展開」『甲賀市史』第二巻「甲賀衆の中世」所収、二〇一二年

第七章　熊野修験道の文化史的研究

・特別展『社寺参詣曼荼羅』大阪市立博物館、一九八九年
・五来　重「寺社縁起からお伽話へ」『五来重　宗教民俗宗成』第六巻所収、一九九五年
・同『寺社縁起と伝承文化』（『五来重著作集』第四巻）二〇〇八年
・同「寺社縁起と伝承文化」『五来重著作集』第四巻所収、法藏館、二〇〇八年
・下坂　守「参詣曼荼羅」『日本の美術　一一二』至文堂、一九九三年

・鈴木昭英「2　霊山曼荼羅と修験巫俗」『修験道歴史民俗論集』第二巻所収、二〇〇四年
・豊島　修『熊野修験道史研究と庶民信仰史論』清文堂出版、二〇〇五年
・小栗栖健治『熊野観心十界曼荼羅』岩田書店、二〇一一年
・大高健正『参詣曼荼羅の研究』岩田書院、二〇一一年
・根井　浄「〈絵解き〉する人々」『〈絵解き〉ってなぁに――語り継がれる仏教絵画――』龍谷大学　龍谷ミュージアム、二〇一二年

あとがき

ようやく『熊野信仰の世界』を執筆し終えることができた。執筆依頼を受けてからおよそ十年ぐらいになるかと思う。最初はこんなに時間がかかるとは思っていなかったが、十五年以前から無理のきかない身体になり、病院のクリニックと大学を一日交代で過ごすことになったこと、さらに前の大学を退職して、今の大学に採用されて環境と時間がかわったことなどが、おもな要因である。歴史民俗学・宗教民俗学（修験道史）研究の立場から、『熊野信仰の世界』を執筆しなければならないと痛感したのは、師の故五来重先生と鈴木昭英先生のご研究に多大な影響を受けたことが大きい。とくに五来重先生からは、「中世・近世の民衆にとって熊野信仰とは何であったのか」を教えていただいた。そのため文献史料はもちろんのこと、絵画史料とともに遺物資料、および伝承資料としての仏教民俗・宗教民俗資料の調査の大切さを、つねに問いかけられたことが思い出される。残念ながら私が病気になった十五年以前から、これまでの遠隔地の調査をおこなうことが叶わなくなり、必要にせまられた民俗調査を細々と続けている。

それにしても「熊野信仰の世界」という課題は、古代以来、熊野三山の歴史的展開のなかで生み出された多様な信仰の世界であり、本書でもその全容を明らかにすることはできない。もっとも私が熊野信仰の問題に取り組む機縁となったのは、柳田國男氏の論文「物語と語り者」(『定本柳田國男集』所収)を読んでからである。柳田氏は『平家物語』巻二「康頼祝詞」の段にみえる、鬼界島という都から遠く離れた南の孤島に、熊野三山のミニチュアが勧請されたこと、そこで成経と康頼は熊野三山に祈りながら、一日も早い帰洛を願っている。この宗教現象がフィクションか否かを問われた柳田氏は、結論としてフィクションではないと指摘された。そこで私は柳田氏の結論が妥当であるかどうかをたしかめるために、おもに西日本の地域に鎮座している多くの熊野神社をたしかめて、紀伊熊野の三山信仰の伝播・浸透が想像以上に早いことを確認することができた(「修験道史研究の回顧」『大谷大学史学論究』第一五号、二〇一〇年)。

さらに熊野信仰が地域社会に伝播された宗教的要因のひとつは、熊野三山への「立願」信仰がつよかったことがあげられる。その背景には、熊野山伏や熊野の「聖」宗教者の関与があるが、こうした熊野三山の宗教者の先行形態として、古代の「辺路」＝「大辺路」修行をもっぱらとした海洋宗教の担い手である「山岳海辺宗教者」を見出したことにある。もちろんこの問題は、さらに文献史料その他の史資料からも研究しなければならないが、平安中・末期から中世に栄えた「中辺路」コースに先行する古代の「大辺路」を、同じ「伊勢路」のコースとともに重要視しなければならないと思う。

最後に多くの方々から写真等の提供を得たことにお礼を申し上げたい。また慶友社の桑室一之氏にもお礼を申しあげなければならない。本書が成ったのも、氏のあたたかい励ましとご教示があったからである。改めて深い感謝を述べる次第である。

豊島　修

二〇一三年六月八日

著者略歴
豊島　修（とよしま　おさむ）
一九四三年　中国東北部に生まれる
一九七三年　大谷大学大学院博士課程単位取得
二〇〇三年　大谷大学博士（文学）
二〇〇九年　大谷大学名誉教授
現在　京都女子大学教授
〔主要著書〕
『熊野信仰と修験道』名著出版　一九九〇年
『死の国・熊野』講談社現代新書　一九九二年
『熊野本願所史料』（共編）清文堂出版　二〇〇三年
『熊野信仰史と庶民信仰史論』清文堂出版　二〇〇五年
『寺社造営勧進本願職の研究』（共編）清文堂出版　二〇一〇年
『日本の宗教と文化』（共著）自照社出版　二〇一〇年

民衆宗教を探る
熊野信仰の世界
―その歴史と文化―

二〇一三年一〇月一六日　第一刷発行

著　者　豊島　修
発　行　慶友社
〒一〇一－〇〇五一
東京都千代田区神田神保町二－四八
電　話〇三－三二六一－一三六一
ＦＡＸ〇三－三二六一－一三六九
印刷・製本＝亜細亜印刷

© ISBN 978-4-87449-257-4 C1039